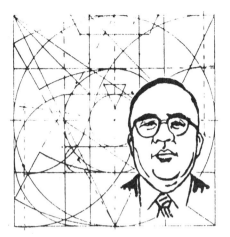

21세기 경영법칙101

후나이식 경영법

머 리 말

나의 저서도 금년 5월, PHP 연구소에서 발간되는 《경영 5류의 책》으로 34권째가 된다. 공동저술, 편저, 또는 감수한 것을 합치면 40권을 훨씬 넘은 것 같다.

돌이켜 보면 책이라는 형태로 하고 싶은 말을 세상에 전할 수 있다는 것은 기쁜 일이다.

그러나 내용에 대해서는 나자신도 허술한 점이 많고, 책이 되어 서점에 진열이 된 다음 '큰일났다'고 생각하는 경우가 많은데, 그 태반은 그 시점에서 '어쩔 수 없이' 쓰기 시작해서 쓴 것이니까 하고 자신의 모자람을 반성함과 동시에 자위하고 있다.

고맙게도 모든 책이 잘 팔리고 있고, 나의 본업(경영자 겸 경영 컨설턴트)도 탈없이 여전하다.

그런데 이 책은 20년 동안 나의 대단한 팬이고, 란체스터 전략의 연구 등으로 유명한 경영 르포라이터 겸 평론가인 다나카 미치오(田中彌千雄)씨가 나의 모든 저서(공동저술, 편저, 감수 도서를 포함)를 독파하고 그 가운데서 '후나이 유끼오의 경영법칙'으로서 다시 세상에 소개하고 싶은 것을 101항목으로 픽업한 것이다.

원고도 그가 써주었다. 다만 나의 입장에서 써주었기 때문에 글중에 '나'로 쓰여져 있는 것은 글자그대로 '후나이 유끼오'를 말하는 것이다.

구성도 그에게 맡겼다.

왜냐하면 제3자로서 독자의 입장, 경영평론가의 입장에서 가장 독자가 기뻐하도록 구성해 주리라고 생각했기 때문이다.

다만 문장의 내용에 대해서는 상당히 큰 폭으로 현실에 맞도록 고쳤다. 그 이유는 오래된 저서로부터의 인용도 많고, 시류에 맞지 않는 것과 이해하기 어려운 것도 있었기 때문이다. 이와 같은 의미에서 두 사람의 합작이라고 할 수도 있을 것이다.

4월 20일부터 약 10일간에 걸친 감수 작업이 일단 끝나고 지금 다시 읽어 보아 구성을 보니 제법 훌륭한 책이 된 것 같은 생각이 든다.

무엇보다 나의 '자기 주장'이 부상되지 않아서 좋다.

또 내 책의 독자의 입장에서 구성했다고 하므로 깨닫지 못했던 일들을 이 101의 항목을 보게 되면 여러가지로 이해하기 쉽다.

예를 들면 소매업에 대한 것, 경쟁에 대한 것 등에 대해서 최근에 나는 거의 얘기를 하거나 쓰거나 하지 않게 되었는데 이 101항목 가운데서는 상당한 부분을 차지하고 있다.

아직도 경쟁이라던가 소매업 컨설턴트로서의 인상이 강하구나 …… 하고 약간은 실망했지만 이것이 세상이 나를 보는 눈이라는 생각도 갖게 되었다.

어쨌든 이 책은 나의 20여년에 걸친 경영에 대한 사고방식을 집대성한 것이다.

이 책만을 보면 다이제스트된 것이므로 대체로 후나이 유끼오라는 인간과 후나이식 경영법을 알 수 있다.

이와 같은 책이 완성된 것은 역시 기쁜 일이다. 다나카 미치오 씨에게 진심으로 감사하고 감수의 말로 삼으려 한다.

저　자

제 2 장　마케팅전략 ····································· 85

제3장 인간성 시대의 인사 및 조직전략······145

서 장

인간성을 기본으로

1. 성공하기 위한 기본적인 3조건

"부정따위를 씻어 없앤다."

일본의 근세 초기인 원록시대(元祿時代)의 가요에는 이 말로 노래를 부르기 시작하는 경우가 많다. 수도승의 제문(祭文)에서 따온 말인데 그 무렵의 작사자들은 이 구절을 첫머리에 두지 않고서는 뜻대로 작사를 할 수 없었던 것이다. 즉 이 구절을 처음에 노래하므로써 비로소 마음에 떠오른 것을 말할 수 있었다. 그런 의미에서 이 구절은 하나의 노래를 부르기 위한, 이른바 방아쇠 역할을 한 것이 된다.

나는 경영 컨설턴트로서 현대에 살고 있는 인간이다. 따라서 새삼스럽게 '부정따위를 씻어 없앤다'는 것과 같은 것을 외우지 않더라도 말하고 싶은 것은 얼마든지 할 수 있는데, 그러나 감히 다음의 구절을 출발 신호로 이 책을 쓰려고 한다.

"우선 발전하고 성공하기 위한 기본적인 3조건을 갖자!"

내가 사장으로 있는 회사=후나이 총합연구소(이하 후나이 총연으로 생략한다.)에는 매일 각종 회사나 상점으로부터 경영 컨설팅의 의뢰가 오는데, 나는 처음으로 의뢰하는 사람에게는 우선 "당신의 회사나 점포 사람들은 ① 철처히 노력합니까? ② 솔직합니까? ③ 플러스 발상형입니까?" 이같이 습관적으로 묻고

있다.

　언뜻 생각하기에 관계가 없는 질문처럼 생각될지도 모르지만 그렇지 않다. 이 3가지가 없으면 기업도 사람도 결코 성공할 수 없다. 요컨대 이 3가지야말로 '발전하고 성공하기 위한 기본적인 3조건'인 것이다.

　따라서 이상의 3가지 조건이 구비된 클라이언트(고객, 의뢰인)가 아니라면 원칙적으로 컨설팅은 떠맡지 않기로 하고 있다. 그래도 '부디 어드바이즈를'하고 부탁을 하게 되면, 그때에는 이상의 3가지 조건을 갖추도록 설득하는 것부터 일을 시작하는 것이다.

　발전하지 못하는 회사의 사람들은 대체로 노력하고는 거리가 멀다. '솔직' 하지도 않다. 무언가 어드바이즈를 하면 실행이 불가능하다는 것을 여러가지 이유를 들어 늘어놓는다. 이른바 마이너스 발상인 경향이 많다.

거기에 비해서 성공한 사람이라던가 성공으로의 길을 계속 걷고 있는 사람은 한결같이 노력하는 사람이다. 그리고 철저하게 '솔직'하고 플러스 발상형이다. 마이너스 요인을 시시콜콜하게 캐는 것은 누구에게나 결코 플러스가 되지 못한다.

사람으로 태어난 이상 ① 지식을 습득하고, ② 의지를 굳게 다지고, ③ 힘을 길러 세상 사람을 위해 봉사하는 것을 보람으로 삼기 바란다. 그러기 위해서는 철저히 노력하고 솔직하며, 플러스 발상형이 되는 것이 가장 지름길이다.

2. 플러스 발상형의 인간이 되라

발전하는 사람, 성공하는 사람은 틀림없이 플러스 발상형 인간이다. 플러스 발상을 하면 일이 자연스럽게 플러스의 방향으로 전개되어 가기 때문일 것이다. 거기에 비해서 마이너스 발상만하고 있으면 일은 마이너스의 방향으로만 전개된다.

미국의 철학자이며 심리학자인 조셉 머피는 심리적 작용의 여러 법칙을 역설하고 실천·지도를 한 사람으로 유명한데, 그의 이론을 한마디로 요약하면 다음과 같다.

"좋게 생각하면 좋은 일이 생기고, 나쁘게 생각하면 나쁜 일이

생긴다. 그러므로 좋게 생각하자.”

　이 머피 이론은 마음, 특히 잠재의식이 지닌 힘을 잘 이용하는 방법을 역설한 것인데, 오늘날 이 이론은 올바르다는 것이 많은 학자들에 의해 입증되고 있다.

　그런데, 《전쟁과 평화》, 《안나카레리나》 등의 대작을 저술한 러시아 문호 톨스토이도 확실히 다음과 같은 문장을 남긴 바가 있었다.

　톨스토이가 자전거를 타기 시작한 무렵의 일이다. 그가 페달을 밟으며 달리고 있는데 전방에 돌이 있는 것이 눈에 띄었다. 그는 어떻게든 그것을 피하려고 그 돌을 노려 보면서 힘껏 핸들을 쥐고 있었다. 그런데 그 돌을 바라보면 바라볼수록 자전거는 그 쪽으로 접근해 결국 그는 돌에 부딪쳐 뒹굴고 말았다는 것이다.

"그러니까"라고 톨스토이는 말을 잇는다. "자전거에 탔을 때에는 그런 돌에 신경을 쓰지 않으며 시선을 돌리는 것이다. 그것에 신경을 쓰면 쓸수록 그 쪽으로 접근해 가는 것이기 때문이다"라고.

톨스토이의 이 문장은 사물의 마이너스 요인에만 신경을 쓰고 있으면 결국 그대로 되고 말 것이므로 그런 일에는 신경을 쓰지 말고 좀더 낙천적으로 살라는 뜻의 한가지 교훈을 함축하고 있다.

이 문장을 읽었을 때, 자전거에서 넘어진 톨스토이의 모습을 떠올리고 흰 수염이 덥수룩한 노인에게 갑자기 친근함을 느끼는 것과 동시에 인간이라는 것은 마음이 움직이는 방향으로 몸도 움직인다는 것을 이해했던 것이다.

그리고 이처럼 마음속에서 생각한 방향으로 사물이 진행된다는 것을 안 이상, 취해야 할 최선의 방법이 정해져 있는 것이다. 그것은 ① 될 수 있으면 실현이 가능한 큰 꿈을 가지고, ② 그것이 가능한 이유를 열심히 찾아 내고 반드시 할 수 있다고 단정하는 것이다. 특히 상업이라던가 사업을 하는 사람에게는 반드시 이같은 플러스 발상형의 인간이 되어 주길 바란다.

3. 올바른 목적이 필요하다

경영 문제에 대해 상담 온 사람이 나의 설득에 따라서 '철저하게 노력하고' '솔직하며' '플러스 발상형'의 3가지 기본조건을 갖춘 인간이 될 것을 결심했다고 하자. 무엇보다도 마음에 뚜렷한 목적을 갖도록 어드바이즈 하는 것이다.

인간이 무언가를 이룩하려면 무엇보다도 목적이 필요하다. 목적이 있기 때문에 목적달성의 의욕에 불타서 사람은 노력하는 것이고 목적없이 힘을 발휘한다는 것은 우선 있을 수 없다. 그렇다면 목적은 노력한 보람이 있는 것, 즉 인간성에 걸맞고 대의명분이 있는 것일수록 효과가 있다는 것이 될 것이다. 목적을 갖도록 어드바이즈 할 때, 거기에 반드시 다음의 3가지 요소를 포함시키는 것은 그 때문이다.

그 첫째는 천직의 발상 및 대의명분을 가지라는 것이다. 어떤 장사나 어떤 사업이나 그것을 좋아하게 되는 것이 발전하기 위한 기본인데 거기에는 자신이 종사하고 있는 일을 자신에게는 천직이라고 생각하는 것이 최고인 것이다. 더구나 그 일을 통해서 자신의 인간성을 향상시키고 더 나아가 사회를 위해, 남을 위해, 고객을 위해 봉사하는 것이라는 대의명분을 갖는 것이야말로 참으로 인간에게 있어서 노력의 보람이 되는 일은 없다고

해도 좋다.

목적의 둘째는 수익성의 추구이다. 이익이 생기지 않는 기업경영은 넌센스이다. 때로는 '돈은 벌지 못하더라도 생활만 할 수있으면 된다거나 돈을 번다는 것은 죄악이다' 라고 말하는 사람도 있는데 현대사회에 있어서 기업체라는 것은 수익이 있어야존재 가치와 존재 의의가 있다는 것을 잊어서는 안된다.

목적의 셋째는 '크게 발전하자'는 것이다. 그러기 위해서는우선 경영자가 힘을 기르는 것이다. 기업은 능력에 따라서 성장한다는 것은 거의 틀림이 없기 때문이다. 만일 크게 되는 것을목적으로 하는 점에 의문을 제기하는 경영자가 있다면 그것은자신이 경영하는 기업을 크게 발전시키지 못하는 사람의 자기변명으로 받아들여도 어쩔 수가 없을 것이다.

이상의 3가지 즉,

① 이 세상과 사람들을 위해 일한다.

② 자신이 경영하는 기업의 수익성을 높인다.

③ 그리고 그 기업체를 더욱 발전시킨다.

이 같은 3가지 경영 목적이 있다면 경영자로서 그 사람은 성공의 첫 걸음을 내딛었다고 단언해도 좋다.

다만 이 3가지 목적 가운데 어느 것 하나만 빠져도 발전·성공할 가능성은 우선 없다고 생각해야 할 것이다.

4. '스승과 친구 만들기' '모델 찾기'에 힘써라

상담자가 올바른 경영 목적을 갖는 것에 납득하고 그렇게 하기로 결심했다면 우리가 해야 할 다음 일은 '스승과 친구만들기' 그리고 '모델 찾기'를 도와주는 일이다. 요컨데 그 목적에 걸맞는 스승과 친구, 또는 모델 기업이나 모델 점포의 소개에 힘쓰는 것이다. 이것은 후나이식 경영 컨설턴트법의 최대의 노하우라고 말할 수 있을지도 모른다.

예를 들어 후나이 총연에서는 연간 수십회의 세미나를 개최하고 있는데, 그 목적의 하나는 세미나 참가자에게 스승과 친구를

소개하는 일이다. 세미나에는 여러가지 업종·업태에서 성공을
거둔 경영자들을 특별강사로서 초빙하고, 그 체험담을 듣는 일이
많은데 참가자들에게는 그와 같은 특별강사 가운데서 스승으로
모실만한 분을 택해서 개인적으로 친분을 맺도록 해주는 것이
다. 또 참가자끼리는 서로가 친구로 사귈 수 있게 된다.

　이와 같이 해서 스승이나 친구가 생기면, ① 의욕이 생기고,
② 동료끼리 경쟁을 하기 때문에 더욱 노력하게 되며, ③ 또 수법
을 알기 때문에 시행착오를 하지 않고 확실하게 발전, 성장할
수가 있다.

　이와 똑같은 일은 모델에 대해서도 말할 수 있다. 이 경우의

모델은 "동업자로 경합을 하지 않고 더구나 훨씬 좋은 성적을 올리고 있는 다른 기업이나 점포가 되는데, 이 소개된 모델과 친숙해지면 대개의 경우, 일시에 업적이 향상하는 것이다. 물론 모델에 관해서는 얘기만을 듣거나 활자로 읽거나 하는 것만으로는 안되고 그곳을 찾아가 겸손하게 가르침을 받는 것이 역시 베스트라고 말할 수 있다. 가르침을 받고 모방하며 배운다는 것은 노력의 기본이다. 더구나 될 수 있으면 솔직하게── 하는 것이 성공의 지름길이다. 그같은 의미에서 스승과 친구, 또는 모델과 능숙하게 교제를 한다는 것은 발전을 위한 하나의 노하우라고 말할 수도 있을 것이다.

상업의 길을 걷는 이상 껑충 뛰어 넘는 전진은 무리이다. 한 걸음 한 걸음 착실하게, 그러나 가능한 한 빨리 전진을 하지 않으면 안된다. 그러기 위해서는 '스승과 친구 만들기'에 힘쓰고 모델도 진지하게 찾기 바란다. 그리고 '이렇게 성장하는 것이 사실일까'하고 의혹을 품을 것이 아니라 여기에서 솔직하게 배우기 바란다. 그러면 틀림없이 좋은 결과를 낳는다. 내가 경영 컨설턴트로써 지도와 실적에 있어서 100％라고 해도 좋을 성공을 거둔 그 스승과 친구 또는 모델 소개에 힘써 왔기 때문이라고 말할 수 있을 것이다.

5. 성과를 올리고 계속 분발하라

　노력의 중요성과 인간성, 대의명분에 맞는 목적의 필요성을 납득한 사람들은 스승과 친구가 생기고 모델이 소개되거나 하면 어떤 사람이건 대개는 '분발해야겠다'고 생각하게 된다. 그러나 분발하려면 분발할 수 있을 만큼 강한 의지가 있어야만 한다. 그래서 우리는 분발할 결심을 한 사람에 대해 다시 한번 분발하는 의미를 확인하도록 어드바이스 하고 목적 달성과 의지 강화의 측면에서 지원하게 되는 것이다.

　나의 주변에는 대단히 머리가 좋고 능력있는 사람이 많이 있다. 그들이 그렇게 된 것은 분발을 계속해 왔기 때문인데 기본적으로 공통된 것은 커다란 목적으로 뒷받침된 사명감과 강한 의지력 그리고 책임감이다. 한 번 사선(死線)을 뚫고 나온 사람, 또는 궁지에 몰려, 밑바닥 생활을 하고 여기에서 다시 일어선 경험의 소유자가 많다. 그들은 한결같이 자신감을 갖고 있다. 불가능한 것으로 생각된 일들을 해낸 경험이 있기 때문에 낙천가이기도 하고 플러스 발상형 인간이기도 하다. 이와 같은 경향이 있는 사람은 창업자 오너로 성공의 길을 달려 온 사람들에게 특히 많다.

　이와 같이 의지가 강하면 분발을 계속할 수가 있는데 분발하면

대체로 목적을 이룰 수가 있다. 그러나 그것을 알고 있어도 인간은 역시 인간이다. 모든 사람이 굳은 의지로 계속 분발할 수 있는 것은 아니다. 보통 사람이 계속 분발하기 위해서는 역시 성과가 순조롭게 오를 필요가 있는 것이다. 그 성과를 보고 격려를 받고 더욱 분발한다. 그것이 인간이라는 것이다.

그런데 경영 컨설턴트로서는 구체적으로 클라이언트의 경영 성과를 올려 가는 일에 전력투구 하지 않으면 안된다. 그러면 어떻게 성과를 올려 나갈 것인가. 때와 장소에 따라 여러가지로 성과를 올리는 방법이 다른데 그 하나 하나에 대한 사고방식, 대처 방법이 앞으로 쓰는 이 책의 내용이 될 것이다.

감히 이 책에 서장을 마련하고 한편 경영과는 관계가 없는 것처럼 보이는 인간적인 요소에 대해 여기에서 언급했는데, 그것은 물론 생각이 있어서 한 것이다. 결국 나의 경영법칙의 근본은 언제나 인간적인 것에 바탕을 두고 있다는 것을 우선 독자가 이해하길 바라기 때문이다.

그러면 그것을 이해한 바탕 위에서 본론에 들어가기로 하자.

제 1 장

기본전략

6. 고객 위주의 적극적 사고방식

슈퍼마켓이 변하였다. 미국이나 일본에서도 매장이 점점 변화되고 있다.

왜 그럴까. 지난날의 슈퍼마켓은 '슈퍼마켓 이론'이라고 하는 상당히 고전적인 사고방식에 따라서 매장이 만들어져 있었는데, 그 가운데 '원웨이 컨트롤'이라는 이론이 있다. 점포는 이 이론에 따라서 고객이 입구에서 출구까지 일방통행으로 매장 안을 걷지 않을 수 없게 되어 있고, 출구에서 일괄해서 돈을 지불하는 구조로 되어 있었다. 입구도 한 곳, 출구도 한 곳인데, 고객이 원하는 매장으로 가려면 자신에게 불필요한 상품이 진열되어 있는 매장의 통로를 몇개나 지나가지 않으면 안된다.

입구가 한 곳 밖에 없는 것과 몇 개소가 있는 것과는 어느 쪽이 고객에게 편리할까. 점포 안의 원하는 곳으로 갈 때, 우회하지 않으면 갈 수 없는 것과, 최단거리로 갈 수 있는 것과는 어느 쪽이 편리한가. 대답은 뻔하다. 요컨대 이 원웨이 컨트롤의 이론만큼 점포 측의 방자한 사고방식은 없다. 거기에는 고객위주의 적극적인 사고방식 따위는 전혀 없다고 해도 되기 때문이다.

이와 같은 이론이 과거에 통용되고 있었던 것은 일찍이 소비재가 많이 팔리는 시장이었기 때문인데, 그러나 그와 같은 시대에

도 식품슈퍼 등에서는 입구와 출구를 각각 1개소보다도 2개소, 2개소보다 3개소로 늘린 쪽이 어느 점포에서도 매상, 이익이 모두 늘었고 또 통로도 자유롭게 최단 거리로 점포 내의 어느 곳이라도 갈 수 있게 설정한 쪽이 좋은 성적을 올리고 있었던 것이다.

더욱이 오늘날에는 원웨이 컨트롤 같은 이론을 무시하고 고객 위주의 점포를 만들면 일시에 업적이 오르게 된다. 이것을 알게 되었기 때문에 연구를 하고 있는 슈퍼에서는 현재 통로나 출입구도 또 금전등록기의 위치까지 바뀌었는데 일부 슈퍼업계에서는 아직도 고객위주의 사고방식을 잊고 원웨이 컨트롤의 점포를 만드는 것이 좋다는 사고방식이 남아 있다.

공급 과잉이 되고 경영 환경이 악화되며, 경쟁이 격심해지면 고객은 조금이라도 고객 위주의 점포로 몰려들게 된다. 따라서 경쟁에 이기기 위해서는 어떤 일이 있더라도 경쟁 상대의 점포보다도 더욱 고객 위주로 나가지 않으면 안된다. 그것이 기업 존속의 조건이다.

고객을 기쁘게 해주고 고객에게 이익을 줌으로써 자신도 이익을 가져 온다. 고객 위주야말로 이익의 근원이라고 하는 대원칙을 절대로 잊어서는 안된다.

진실로 고객 위주로 나아가려면 적극적이어야 한다. 소극적인 경영으로는 고객을 기쁘게 할 수가 도저히 없기 때문이다.

유통업계는 바야흐로 혼전(混戰) 상태에 접어들었다. 이와 같은 때야말로 장사는 고객을 위해 있는 것이라고 하는 경영의 원리를 확인하고 적극적으로 더욱 더 고객 위주로 나아가기 바란다.

7. 좋은 물건을 싼 값에

'무엇때문에 장사를 하는가?', '상도(商道)란?' 이와 같은 것을 끝까지 파고 들면 반드시 '사람은 무엇때문에 이 세상에 태어났는가' 하는 문제에 도달하게 된다.

인간은 태어난 이상, 제멋대로 죽어서는 안되고 살 수 있을 만큼 살아나가지 않으면 안된다. 그리고 살아나가는 이상 될 수 있으면 뜻있게 산다는 것이 역시 사명이라고 할 수 있을 것이다.

인간은 다른 동물과 달라서 ① 쓰면 쓸수록 좋아지는 머리를 지니고 있고, ② 이성의 힘(능력), 의지의 힘으로 행동할 수 있다. 말하자면 좋은 일이라고 생각되는 것을 할 수 있고, 나쁜 짓을 그만둘 수 있는 능력을 지니고 있다. ③ 더욱 머리가 좋아지고 좋은 면에서의 의지력이 강해짐에 따라서 사회와 타인에 대해 애정을 느끼게 되고 사회를 위해 남을 위해 봉사하고 싶은 생각이 들게 되는 특성이 있다. 이와 같이 인간이 지닌 특성으로 보아서 인간으로 태어난 이상, 살아있는 시간을 가능한 한 연장시키고, 그 사이에 지식을 쌓고 의지력을 다지면서 사회를 위해, 남을 위해 봉사하도록 노력하는 것이 본분이라고 생각한다.

상도(商道)도 그 한 수단으로 생각해야 할 것이다. 참다운 장사의 목적도 사람이 하는 것인 이상 역시 인간성의 추구가 아니면 안되기 때문이다. 이 인간성의 추구가 최종적으로는 사회를 위해 남을 위해 봉사하는 것이라고 한다면, 장사를 하는 사람도 역시 가능한 한 좋은 상품을 될 수 있으면 싼값에 고객에게 제공하도록 노력하는 것을 본래의 목적으로 삼지 않으면 안된다.

오사카(大阪)시에서 가장 장사가 잘 되는 '모모야'라는 제과점 주인은 "최고 품질의 상품을 가능한 한 싸게 제공하기 위해, 예를 들면 만두의 팥고물 원료는 가장 질이 좋은 홋카이도(北海道) 산(産)인 팥으로 만들고 있습니다. 또 광고지를 포함해서 선전은 전혀 한 일도 없고 값을 내린 일도 없습니다. 그것이 가장 싸게 좋은 물건을 제공할 수 있는 방법이기 때문입니다." 이같이 말하고 있다.

또 일본 제일의 제과점으로 일컬어지게 된 A제과점의 창업자 시바다(芝田)씨는,

"과자는 마음을 전하는 것이어야만 한다고 생각합니다. 확실히 우리는 남에게 과자를 보낼 때, 또는 차를 곁들여서 권할 때 여러 가지 생각을 함께 드립니다. 눈에 보이지 않는 그 같은 마음을 대변할 수 있는 것이 아니면 안되는 것입니다."

이같이 말하고 있다. 그 한결같은 마음이 원재료를 음미하고 모든 것을 손수 만들어 생산하며 훌륭한 맛과 모양을 만들고 아취가 있는 상품명과 화려하게 포장이 되어 표현된 제품인데, 이야말로 인간성의 추구이고 장사로서 말한다면 보다 품질이 좋은 것을 보다 값싸게 제공한다고 하는 도전의 자세로도 받아들일 수 있다. 상업의 참다운 목적은 이와 같은 인간성의 추구라는 것을 충분히 인식하고 매일 매일 장사에 힘쓰는 것이 바람직하다.

8. 매스이론에서 안티매스 이론으로

경영에 있어서 가장 중요한 것은 경영전략이 정확해야 한다는 것이다. 정확한 전략하에서는 약한 병력으로도 목적을 달성할 수 있는데 비해서, 정확하지 못한 전략하에서는 강한 병력이라도 패퇴하지 않을 수 없다.

1960년대 중반까지 매스화(化)는 오랫동안 경영자의 이른바 신앙이었다. 기업은 매스화 함으로써 이익을 추구할 수 있었고 아직 물자부족, 저소득으로 허덕이고 있었던 일반대중에게 있어서도 매스화는 구세주였다. 그런데 그 뒤, 물건이 남아 도는 시대를 맞이함에 따라서 매스화는 일반적으로 기업의 목을 조르는 경향을 나타내기 시작해 경영자는 안티·매스화로 180도의 전략 전환이 불가피하게 된 것이다. 경영전략의 전환을 꾀하지 않고 언제까지나 매스화에 매달리고 있었던 기업은 당연히 성장노선에서의 탈락이 불가피하게 되었다.

매스이론은, ① 단일 상품을 ② 계획적으로 ③ 일정 기간에 ④ 다량으로, 이같은 4가지 조건을 주안점으로 해서 성립하고 있다. 이 4가지 조건을 충족시켜 생산하는 것이 '매스프로'이고 판매하는 것이 '매스세일'이다.

매스프로, 매스세일은 상품을 실용품만으로 압축하면 대단히

싸게 할 수 있다. 고객에게는 같은 물건이라면 당연히 싼 쪽을 좋아한다.

그런데 현실적으로 매스이론을 적용한 소매점은 보다 많은 품목을 다루는 점포 사이에 경쟁이 있게 되면 완전히 큰 타격을 입게 되었다.

매스이론은 물건과 인력이 부족한 곳에서만 통용하는 이론이고 물건이 남아돌기 시작하면 부가가치의 저하만을 가져오게 된다. 소비 단계에서 매스 방식을 응용할 수 있는 곳은 판매 위주의 시장이고, 공급 부족과 물자 부족일 때 뿐인 것이다.

또 매스 상품은 매스 이외의 상품과 함께 있는 곳에서만 소비자의 구매 대상이 된다.

지금은 본질적으로 물자과잉시대이고 앞으로도 소비자 위주 시장의 시대가 이어진다. 이와같은 때는, 고객은 획일화 된 점포, 유익하지 못한 표준화 된 점포, 상품 품목이 적은 점포에는 발길을 돌리지 않게 되는 반면, 물건 이외에 부가가치가 더 많은 것이 있는 점포로 집중하기 시작한다.

더 명확하게 말하자면, 고객을 가장 기쁘게 해주는 단 한 곳, 즉 제일 좋은 일등 점포에만 손님은 집중하게 되고, 그 밖에는 기업으로서 생존을 할 수 없게 된다.

물건에서만 경제 가치를 추구하려고 하는 매스이론이 통용할 수 없게 된 것은 당연한 귀결이라고 말할 수 있을 것이다.

이와 같은 시대에 매스이론에 아직도 매달리는 기업이 있다고 한다면 시대착오도 이만저만이 아니다. 소매업은 이제야말로 공급과잉의 시류부적응 산업(?)으로 바뀌고 있다고 해도 좋다. 그곳에서는 안티·매스 방식의 일등주의를 택하는 것이 최고의 전략이라고 말하지 않을 수 없을 것이다.

9. 가장 좋은 1등 상품, 1등 기능

장사에는 능숙한 장사와 서투른 장사가 있다. 똑같은 장사라 해도 능숙한 것이 될 수 있으면 좋다. 그러면 능숙한 장사란 어떤 장사를 말하는 것인가. 간단히 말해서 그것은 손님에게 접근하기 쉬운 장사이고, 또 고객을 끌어 들이기 쉬운 장사를 말하는 것이다.

더 구체적으로 말하면, 능숙한 경영의 요령 또는 능숙한 장사의 요령이란 가장 좋은 1등 상품, 가장 좋은 1등 기능을 하나라도 많이 갖는 것이다. 왜냐하면 가장 좋은 상품, 가장 좋은 기능이라는 것은 고객을 끌어들이기 쉽고 또 고객에게 접근하기 쉬우며 게다가 고객을 고정화 하기 쉽기 때문이다. 반대로 가장 좋은 1등이 없으면 경영과 장사는 대단히 유지하기 어렵고 안정이 되기 어렵다.

나는 가장 좋은 1등 상품을 가지고 있는 것, 또는 제일이 되는 것을 마케팅의 기본원리로 삼고 있는데, 이야말로 장사를 가장 번창하게 하는 포인트라고 생각하기 때문이다.

일반적으로 2등 이하의 상품이나 기능을 아무리 발휘해도 경쟁이 심해지면 경영 성과는 우선 나타나지 않는 것으로 보아도 좋다. 반대로 일등의 상품과 기능이 하나라도 있으면 고객은 모여 들고 가게는 번창하고 이익이 나타나기 시작한다.

여러가지 상품과 기능을 지니고 있으면서도 1등상품이 하나도 없는 점포를 '만물상'이라고 하는데 대해서 1등 상품이 하나라도 있고 그밖의 상품과 기능도 아울러 갖춘 점포를 '총합화 점포' 라고 한다. 이 경우, 물론 1등품은 한 개 보다는 둘, 둘 보다는 셋으로 많으면 많을수록 좋다.

다만 이같이 말할 수는 있다. 1등품이 하나라도 있는 경우, 2등 이하의 상품과 기능도 풍부한 쪽이 매상도 이익도 오르는 케이스가 많다. 이와 같은 것이 또 장사의 재미있는 면이기도 하다.

어쨌든 1등상품을 반드시 갖추기 바란다. 그러기 위해서는 경합점포를 충분히 조사하고 기민하게 대응할 수 있는 체질을 만드는 것이 중요하다.

이 1등상품을 갖추는 것, 또는 1등이 되는 데 있어서 잊어서는

안될 것이 두 가지 있다.

그것은 첫째로, 알기 쉽게 말하면 1등이 되지 않으면 거의 효과가 없다는 점이다. 예를 들어 "뉴서티에서 바렐실루엣의 1등 점포" 등으로 말하는 것은 고객들이 무슨 뜻인지 알기 어렵고 따라서 번창하기도 어렵다. 팔고 있는 본인조차 모르고 있을지도 모른다.

고기와 생선으로 1등, 신사복 상품으로 1등이라는 식으로 알기 쉬운 것이 절대로 필요하다.

또 한 가지 주의해야 할 것은 롯(Rod : 요술지팡이)이 되지 않는 것으로는 1등이 되더라도 그다지 의미가 없다는 것이다. 이쑤시개로 1등이다. 버선으로 1등이라 해도 장사가 되지는 못한다. 확실하게 알 수 있는 것, 수량(數量)으로 팔 수 있는 것으로 1등이 되도록 해야 한다.

10. 우위에 서려면 자신의 힘에 어울리게

앞 항에서도 말한 바와 같이 마케팅의 기본원리는 일등이 되는 것이다. 그것은 모든 것에 앞서가는 절대적 조건이라고 해도 좋다.

어떤 세계에서나 모든 것은 일등이 중심으로 움직이고 있다는 것은 부정할 수 없을 것이다. 예를 들면, 회사는 가장 우두머리인 사장을 중심으로 운영되고, 경쟁시장에 있어서도 시장점유율이 1등인 기업의 동향이 모든 것을 결정한다. 그런 의미에서 1등과 2등의 차이는 2등과 100등의 차이보다도 크다.

따라서 가능한 한 자신의 능력을 기르고 그 힘에 어울리게 당당히 1등이 될 수 있도록 노력과 모색을 계속하지 않으면 안된다. 오늘날과 같은 경쟁사회에 있어서는 능력에 어울리게 일등이 되지 않으면 기업의 존속은 이미 어려워지고 있기 때문이다.

원래 마케팅이라는 것은 자신의 능력에 어울리게 일등이 될 수 있는 ① 상품과 ② 상권 ③ 고객을 찾는 일이다. 이 원칙은 다음과 같이 해석해 주기 바란다.

즉, 능력이 있으면 1등이 될 수 있는 상품을 보다 많이 갖출 것, 또 여력이 있으면 더욱 큰 상권을 대상으로 장사를 할 것, 그리고 힘이 있으면 모든 고객을 대상으로 장사를 전개하는 것이

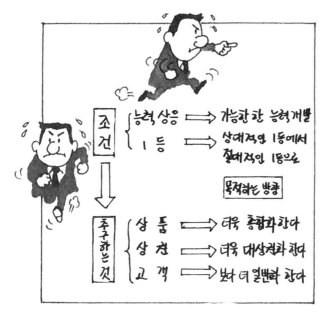

라는 뜻이다.

그러면 능력이 없는 경우는 어떻게 될까. 그 가운데서 1등이라는 조건을 유지해야 한다고 한다면 상품을 세그먼트하고 상권을 좁혀서 고객을 압축해 나가는 수밖에 없을 것이다. 그것은 1등이 아니면 살아남을 수 없다는 데서 오는 고육지계(苦肉之計), 어쩔 수 없는 전략인 것이다.

기업인 이상, 역시 가능한 한 매스메리트를 추구해 나가지 않으면 안된다. 그것이 정확한 마케팅 전략이다. 가능한 한 실력을 기르라고 말하는 것은 그것을 말하는 것이다. 능력이 있으면 그만큼 더 큰 상권에서 더욱 많은 고객을 상대로 더욱 총합화된 상품을 취급할 수가 있고, 메스메리트의 추구가 가능해지기 때문이다.

여기에서 '힘'이라고 하는 것은 뒤에서도 논하겠지만 기업이

가지고 있는 인력 · 물질 · 자금 · 정보 등의 요인이 갖춰진, 강력하게 발휘되는 총합력을 말하는 것이다.

되풀이해서 말한다면 더욱 큰 상권에서 더욱 일반대중을 상대로 더욱 총합화 된 상품을 1등이라는 조건을 충족하는 범위에서 취급할 수 있는 방향으로 개척해 나가는 것, 이것이 정확한 마케팅 전략이고, 전략을 취할 수 있는 것이 1등 능력인 것이다. 물론 누구나가 이같이 능력있는 1등이 될 수 있는 것은 아니다. 그것은 대단히 한정되어 있다. 그러나 반드시 그 한정된 부분에 도전하고 그 실현을 향해서 매진하기 바란다. 여기에 경쟁시대인 현재에 사는 꿈과 미래의 영광스러운 모습이 있는 것이 아닐까.

11. 시류에 적응하는 상품개발과 장사를 지향하라

앞서 말한 바와 같이 경영의 요령은 1등 상품을 갖추는 것, 그리고 알기 쉬운 것, 수요가 많은 것으로 1등이 되는 것이다. 그렇게 되면 경영의 기반은 대체로 안정이 된다.

하지만 1등이 된다는 것은 보통 일이 아니다. 누구나가 1등을 지향해서 전력투구를 하기 때문이다. 그때문에 1등이 되기도 전에 망해버리고 마는 곳이 많다.

　1등이 되는 것은 이른바 목표인데 그 목표에 능숙하게 도달하기 위해서는 1등이 아니더라도 매상고나 이익이 해마다 신장하는 상품을 다루고 장사를 하면서 1등을 지향하는 것이 가장 좋은 방법이라고 말할 수 있다. 이와 같이 누가 해도 매상고나 이익이 계속 신장하는 상품과 장사를 유행적응 상품, 유행적응 장사라고 한다.

　비즈니스나 상품 가운데는 언제나 시류적응 상태를 유지하는 것도 있다. 그러나 한 시기밖에 시류에 적응하지 못하는 것이 훨씬 많다.

　예를 들면 1950년대에 일류대학 졸업의 우수한 인재는 앞을 다투어 그 무렵의 선두 산업이었던 석탄산업과 철강·영화·방적 또는 3백(白)으로 일컬어지는 설탕·시멘트· 비료 등의 업계로 뛰어 들었다. 오늘날 이러한 기업이 시류에 적응하지 못해 우수한 인재를 거느리고 있으면서도 어렵고 힘든 경영을 하고 있는 것은 누구의 눈에도 명백하다.

또 1960년대에서 70년대에 걸쳐서는 유통업이 각광을 받기 시작했고, 오늘날에는 컴퓨터 · 일렉트로닉스를 비롯한 정보제공업 · 대행업 · 매체업 · 무점포판매 · 가정배달 등의 비즈니스가 화제로 등장하고 있는데, 그런 한편에서는 일찍이 화제의 중심이었고 번영을 누렸던 산업과 비즈니스의 대부분이 무참하게 퇴보의 길을 걷고 있다는 것이 실상이 되고 있다.

여기에서 알 수 있듯이, 요컨대 시류에 맞는다는 것은 수요가 많다거나 증가한다는 것과 무관하지 않다. 수요과잉 상태일 때에는 무엇이던 순조롭게 진행이 되고, 사람도 기업도 자신이 붙어 무엇을 해도 성공하는 것이다.

하지만 자본주의라는 것은 그 숙명으로서 경쟁 체질을 면할 수는 없다. 수요과잉은 머지 않아 공급과잉으로, 시류적응 상태의 것은 시류부적응 상태로 반드시 변화한다. 그때 살아남는 것은 유감이지만 각기 다른 분야에서 1등주의를 유지하고 있는 곳 뿐이라고 말하지 않을 수 없다.

그래서 우리가 해야 할 것은, ① 언제나 시류적응 형태라는 것을 계속 추구할 것. ② 동시에 그것이 시류부적응 상태가 되었을 때의 대책, 즉 1등이 되기 위한 방법이라던가, 되지 못한 경우의 대처방법 등에 대해서 모색과 검토를 해 두는 것과 같은 것들이다.

내가 살아가는 이유

김남석/편저 값 15,000원

세계적인 철학가 15인의 행복론과 인생론. 오늘 내가 살아가는 이유는 무엇일까. 나를 위해 살아가는 것일까. 침묵...허무...공허. 그리고 숱한 생각과 생각들. 삶에 있어 가장 중요한 것은 쾌락의 추구가 아니라 내가 존재하는 이유가 있느냐 없느냐가 아닐까? 나의 존재 이유와 삶의 의미를 되새겨본다.

21세기 인간경영

마쓰모토 쥰/ 후나이 유끼오 공저

시대를 앞서가는 경영을 하고 싶은가? 그렇다면 먼저 인간경영을 하라. 일본내 1,500개사 경영고문을 맡으며 30년간 100% 경영실적을 성공시킨 세계적인 경영컨설턴트의 성공노하우. 그가 관여하는 곳마다 성공하는 바람에 세계적인 대기업들이 앞다투어 그의 경영노하우를 배우려 하고 있다. **값 15,000원**

허튼소리 (1. 2권)

걸레스님 중광/저

21세기 최대의 기인! 반은 미친듯 반은 성한듯이 세상을 걸림 없이 살다간 한 마리 잡놈 걸레스님! 중 사시오! 내 중을 사시오! 그는 진정한 성자인가? 예술가인가? 파계승인가? 아니면 인간 중퇴자인가?

값 15,000원

업(전9권)

값 15,000원

지자경/안동민/차길진 공저

세계적인 영능력자 지자경, 안동민, 차길진이 밝히는 영혼과 4차원세계의 전모! 나의 전생은 무엇이며, 전생에 지은 죄는 어떻게 소멸할 것인가? 저승세계는 어디쯤 있을까? 저 광대한 우주 공간의 어디쯤에 천당과 지옥은 있는가? 그리고 어떻게 살다가 갈 것인가?에 대한 명쾌한 해답을 내리고 있다.

영혼과 전생이야기 (전3권)

안동민 편저

당신의 전생은 누구인가? 사후에는 무엇으로 환생할 것인가? 사람이 죽으면 어떻게 되는가? 이승과 저승은 어떻게 다른가? 전생을 볼 수 있는 원리는 무엇인가? 사람은 왜 병들게 되는가? 운명은 누구나 정해져 있는가? 이 영원한 수수께끼에 대한 명쾌한 해답! **값 13,500원**

12. 절대적 성장분야를 노려라

인간의 생애와 마찬가지로 어떠한 상품이나 장사에도 라이프 사이클이 있다고 한다. 인간의 경우, 젊을 때는 성장기, 중년이 되면 성숙기, 나이가 들어감에 따라서 쇠퇴기가 온다.

상품과 장사의 성쇠도 바로 이와 같은 것이다. 확실히 이와 같은 라이프사이클적인 견해는 대부분의 상품이나 비즈니스의 경우에 해당된다고 말할 수 있을 것이다.

예를 들면 일반 소비재의 경우, 1973년의 오일쇼크까지는 대체로 성장기였다. 그런데 그 뒤 매출에 어두운 그늘이 드리우기 시작해 성숙기로 접어들고, 최근에는 아무리 '유행 만들기'를 시도해도 매상고의 증가는 어렵고, 소매점 등에서는 점포를 개선해서 타개책을 강구해도 도리어 매상고가 주는 쪽이 많아지고 있다. 이것은 틀림없이 쇠퇴기 현상이라고 말할 수 있을 것이다.

하지만 그렇다고 해서 모든 상품과 비즈니스가 라이프스타일적이라는 것은 아니다. 그 가운데에는 꾸준히 성장기에 있는 상품과 장사도 있다. 나는 이러한 것을 '절대적 성장상품' 또는 '절대적 비즈니스'로 부르고 있는데, 장사가 직업인 이상 가능하면 이와 같은 상품과 비즈니스에 몰두하는 것이 좋다는 것은

말할 것도 없다. 이러한 것은 꾸준히 시류에 맞는 상품이라고 말할 수 있기 때문이고 그러한 것을 취급하고 직업으로 삼고 있는 이상, 1등이 되지 못해도 충분히 채산이 맞고 화제에도 오르게 되며 경영도 즐겁고 각종 노하우의 축적도 충분히 가능하기 때문이다.

그러면 도대체 어떤 분야를 절대적 상품과 비즈니스라고 말할 수 있을까.

알기 쉽게 말하자면, ① 교육·교양마켓 ② 안전마켓 ③ 성공마켓 ④ 문화마켓 ⑤ 미와 건강마켓 ⑥ 본능추구마켓 ⑥ 정보마켓 ⑦ 쾌적마켓 ⑧ 효율화 마켓 ⑨ 취직마켓…… 등이 이에 해당될 것이다.

이러한 것을 바꾸어 말하면 '마지막 행운의 마켓' 또는 '입문마켓'이라는 식으로 볼 수도 있다.

예를 들면 오늘날 진학 학원들이 대단히 좋은 업적을 올리고 있는데 이것은 일류학교에서 낙방한 학생, 또는 일류학교에 진학하려는 사람을 대상으로 하는 비즈니스이기 때문이다.

또 취직 관계의 기업도 업적이 좋은데 이것 또한 일류기업에 취직하려는 사람(입문마켓)과, 일류기업에서 떨어진 사람을 대상으로 하는 비즈니스이기 때문이다. 이러한 것은 다분히 앞으로도 성장을 계속할 것이 틀림없다.

경영체(經營體)라는 것은 사회의 변화에 적응을 하지 않으면 안되는 것이다. 그런데 자신은 변화하지 않고 사회의 변화에 적응하는 것보다 나은 것은 없다. 그런 의미에서도 절대적으로 성장하는 분야를 노리는 것은 낭비가 없는 경영이고, 장사의 요령이라고도 말할 수 있을 것이다.

13. 1등이 되기 위한 가장 올바른 전략
—— 포괄주의 ①

이제까지 기술해 온 것으로도 알 수 있듯이, 경쟁에 이기기 위해서는 경쟁상대보다도 더욱 적극적으로 고객 위주를 지향하고 더욱 고객에게 호감을 주도록 힘쓰지 않으면 안된다. 그것을 위한 방법의 하나는 이미 말한 '1등주의'이고, 또 하나가 이제부터 말하는 '포괄주의'이다. 물론 이 두 가지는 분리해서 생각할 수 없다.

경쟁사회에 있어서 총합력으로 상승되는 강자(强者)＝1등이 2등 이하의 것과 경쟁을 했을 경우, 강자가 절대적인 우위에 서는 것은 움직일 수 없는 사실인데, 이 강자＝1등이 되기 위한 가장 올바른 마케팅 전략이 다름 아닌 포괄주의(包括主義)인 것이다. 이 경우 2등 이하의 생사여탈권은 분명히 1등이 쥐고 있다. 상대를 살리는 것도 죽이는 것도 모두 1등의 뜻에 달려 있다고 해도 좋다.

소매점을 예로 들어 보자. 가령 지금 어느 지역에 A, B의 두 점포가 있다고 하자. A도 B도 독자적인 상품을 고루 갖추고 있는데 유지할 수 있는 힘은 제각기 같은 정도라고 생각하기 바란다. 그런데 여기에 더욱 큰 힘을 지닌 C라고 하는 1등의 점포가 나타나서 최고로서의 베스트 전략, 포괄주의를 취하게 되면 어떻게 될까.

여기에서 C가 취하는 포괄주의란, 그림과 같이 A나 B에도 있는 모든 상품을 갖추고 있고, 여기에 A나 B가 취급하지 않고 있는 상품도 아울러 갖추는 것이다. 그러면 결과가 어떻게 될까. A, B의 C에 대한 무조건 항복은 누구의 눈에도 명백할 것이다. 왜냐하면 한 번 경쟁이 생기고 그것이 격심해지면 고객은 자신이 좋아하는 점포밖에 가지 않게 될 것이고, 고객이 가장 좋아하는 점포란 자신이 사고 싶은 것을 보다 많이 갖추고 있는 점포를 말하는 것이기 때문이다. 그것은 이미 싸우기 전부터 알고 있는 사실이다.

최근 백화점업계에서 '소고오(蘇合)'의 판매 전략이 주목을 끌고 있는데 그것은 '소고오'가 1개의 상권마다 가장 큰 매장을 만들고 경쟁하는 2등 매장인 백화점의 상품을 포괄하는 전략을 취해 인기를 얻고 있기 때문이라고 말할 수 있다. 이것은 매장이

가장 크기 때문에 취할 수 있는 전략이라고 해도 좋다. 그리고 이것이야말로 경쟁원리에 따른 방법인 것이다.

하나의 시장에서 강자와 약자가 다투는 경우, 강자가 약자를 포괄하면 승리하게 된다. 약자가 살아남을 수 있는 길은 강자가 약자를 살려 두려고 생각했을 때나, 약자쪽이 강자보다 머리가 좋은 경우밖에 없다.

포괄이라는 것은 상품뿐만 아니라, 서비스와 점포의 분위기까지 포함시켜 폭을 넓히면 넓힐수록 베스트에 접근한다.

포괄주의는 메이커나 도매업, 소매업뿐만 아니라 모든 업종에 통용되는 경쟁 격화시대의 경쟁 요령이라고 할 수 있다.

14. 약자가 살아남기 위한 방법
——포괄주의 ②

경쟁 사회에서의 강자=1등의 압도적인 우위성은 이제 알았다. 그러면 더욱 경쟁이 치열해진 경우, 그 이하의 기업이 살아남는 길은 완전히 없는 것일까.

대답은 '노'이다. 그러면 '이유'와 '방법'은 무엇인가?

(1) 가령, 1등의 점포인 C가 취급하지 않는 독자적인 상품을 그 이하인 A, B 각 점포가 주력상품으로 갖추고 있다고 하자. 물론, 그 상품이 시장의 니즈(요구)에 합치하고 있는 것이 필요한데, 그 경우에, A, B는 확실히 살아남을 수 있다. 그러나 C가 그 상품까지도 포함해서 포괄하려고 결심하면 그 시점에서 만사가 다 틀리게 되고 A, B의 생존은 위태롭게 된다.

(2) 또 A, B가 제각기 C의 나아가려는 방향을 앞질러 미개척인 분야를 점점 개발해 나가는 방법을 취했다고 하자. 이것은 매스컴의 발달이나 기술의 평준화 현상 등을 고려한다면 상당히 어려운 방법이라고 할 수 있다. 그러나 결코 불가능한 일은 아니다. 다만 이것을 실천에 옮기려면 좋은 두뇌, 전력투구력, 극기심 등을 언제나 지속하지 않으면 안된다고 하는 어려움이 뒤따른다. 따라서 언제까지 오래 지속할 수 있느냐가 문제인 것이다.

(3) 또는 C가 이제까지 무관심했던 상품을 표적으로 삼는

것도 살아남기 위한 하나의 방법이다. 그러나 이 방법은 이익과 즉시 연결되지 못하고 당분간은 살아나갈 수 있지만 머지 않아 시대에 뒤쳐지게 되는 운명에 있다는 것을 각오하지 않으면 안된다.

(4) 또 하나, 반대로 C가 취급하고 있는 강력한 중심 상품, 또는 시장이 가장 요구하고 있는 상품(이 둘은 대개 중복되고 있다)에 초점을 맞추어 그것만을 공략하는 방법이 있다. 이 경우, 그 상품에 관한 한 수량과 질적으로 결코 C에 뒤지지 않아야 된다. 이제까지 말해 온 가운데서는 이것이 가장 가능성 있는 방법이라고 할 수 있는데, 다만 이 경우에도 C가 위의 그림과 같이 정책을 변경하면 역시 끝장이다.

이와 같이 생각하면, 앞서 말한 것처럼 A, B(약자)의 생살여탈 권한은 모두 C(강자)가 쥐고 있다는 것을 알게 된다. A, B는 C의 맹점을 찌르던가, 일시적인 수단으로 밖에 C와 싸울 수 없는

데 비해 C는 당당할 수가 있다. A, B를 동업자로서 살려두는 것이 좋다고 생각한다면 지금 말한 (1), (2), (3), (4) 가운데서 좋은 방법을 A, B에게 취하도록 하면 되고 살려두고 싶지않다면 A, B를 포괄하면 되는 것이다.

물론 남의 원한을 사는 것과 같은 수단은 그다지 취할 것이 못된다. 그런 의미에서 경쟁자에게 적절한 이윤을 보장해 주면서 부드럽게 시장을 창조해 가는 것이 포괄주의의 가장 현명한 방법 이라고 말할 수 있다.

15. 표준점의 체인화는 넌센스
──포괄주의 ③

이제까지 보아 온 것처럼, 1등 이외의 기업은 1등 기업이 취하 는 베스트 전략인 포괄주의에 의해 여지없이 당하고 말 취약성을 지니고 있다. 따라서 1등 이외의 기업이 거기에서 벗어나기 위해 서는 스스로 1등이 될 수 있는 '장소'나 '상품'을 찾아 나서지 않으면 안된다.

나는 이제까지 표준점의 체인화가 얼마나 넌센스인가를 여러 가지 기회를 통해 말해 왔다. 그 이유는, 그것이 포괄주의 사고 방식으로 볼 때, 승산없는 전선(戰線)을 공연히 확대하는 것과 같이 위험스럽게 생각하기 때문이다.

지역 1등 점포의 다점포화(多店鋪)라면 크게 장려하고 싶다. 그것은 표준점의 체인화 하고는 전혀 뜻을 달리하기 때문이다. 표준점은 지역에서 모두가 1등 점포가 될 수 있는 것은 아니다. 그럼에도 불구하고 그와 같은 표준점이 체인화 되어 가면 어떻게 될까. 그 지역의 1등 점포가 취하는 포괄주의에 의해서 마치 엄지손가락과 집게손가락 사이에서 벌레가 비틀려 찌그러지듯이 간단하게 찌그러 들고 마는 것이 고작이다. 따라서 1등 점포인 경우 이외에 표준점의 체인화는 불필요하다. 이것이 나의 사고방식이다.

모택동(毛澤東)은 이렇게 말했다.

"우리의 전략은 하나를 가지고 열과 맞서는 것이고, 우리의 전술은 열을 가지고 하나에 맞서는 것이다."

그 무렵, 중국 공산당은 적이 가진 10의 힘에 대해서 1의 힘밖에 갖지 못했던 것인데, 이 1의 힘으로 10을 무찌르고 혁명을 달성하는 것이 그들의 전략이었던 것이다.

그것은 1의 힘을 적의 10의 힘에 대해서 제각기 분산시키는 것이 아니다. 반대로 끊임없이 적의 힘을 철저하게 분산시키고 약체화 시키는 반면, 개개의 전투장면에서는 자신이 갖고 있는 모든 힘을 그 한 점에 집중하고 철저하게 상대를 친다는 전술을 바탕으로 하고 있었다는 것이다.

결국, 개개의 국지전에 있어서는 어디까지나 공산군이 상대의 10배의 힘을 가지고 싸움에 임했다는 의미에 있어서 모택동은 제일주의자였고, 그 베스트의 방법인 포괄주의를 실천하고 있었던 것이다.

표준점의 체인화는 모택동의 방법과는 반대로, 쓸데없이 자신의 힘을 분산시켜 상대의 페이스에 말려들고 불속에 뛰어드는

54

여름의 벌레가 되어 적의 술책에 빠져들 위험성을 지니고 있다. 그 점을 잘 이해하기 바란다.

작은 점포가 큰 점포와의 경쟁에서 살아남을 수 있는 것은, ① 절대적 수요과잉의 시장이거나, ② 작은 점포의 경영자쪽이 큰 점포의 경영자보다 경영력이 있거나, ③ 큰 점포의 경영자가 작은 점포를 살려두려고 생각했을 때 뿐이다. 이것을 포괄주의의 결론으로 알아주기 바란다.

16. 경쟁력(競爭力) 원리

20여년 전에 실무적인 경험의 뒷받침을 바탕으로 '경쟁력 원리'라는 것을 발견했다. 이 '경쟁력 원리'라는 것은 다음과 같은 것이다.

① 3대 1의 공격원리

② 4대 10의 수비원리

③ 10대 8의 이익원리

④ 2대 10의 안전원리

⑤ 8대 10의 심리효과원리

우선 ①의 '3대 1의 공격원리'인데, 이것은 적지에 있는 적을 공략해서 반드시 승리를 거두려면 적의 3배 힘이 필요하다는 것이다. 선발주자 메이커에 대해서 후발주자로 새롭게 참여하려고 할 때와, 유통단계에서는 선발 점포가 있는 곳에 신규로 개점을 하는 경우 등에 이 원리가 적용된다. 싸우는 이상은 완승(完勝)을 하지 않으면 안된다. 완승을 거두기 위한 조건은 최소한 적의 3배 이상의 힘이 필요하다.

다음으로 ②의 '4대 10의 수비원리'라는 것은, 적이 공격해 왔을 때, 수비 측에 적의 40% 이하의 힘밖에 없으면 보통은 싸우는 만큼 손해다. 깨끗이 성을 내놓자는 것이다. 사실 상대편의

4할 이하의 힘으로 싸운다는 것은 완패를 의미하고, 두번 다시 일어설 수 없을 때까지 완전히 당하는 것이 보통이다.

　이 경우는 다소 억울하지만 성을 내놓고 힘을 보존해서 훗날을 기약하는 것이 좋다.

　또 ③의 '10대 8의 이익원리'는, 동일한 시장에서 두 회사가 공존하는 경우, 1등으로서는 경쟁상대인 2등의 힘을 자기 힘의 80%이하로 억제하지 않으면 이익을 내기 힘들게 된다는 의미인 것이다. 따라서 1등에게 있어서 가장 필요한 것은 2등을 치는 일이다.

　그리고 ④의 '2대 10의 안전원리'는, 동일 시장에 있어서 많은 경쟁상대가 있는 경우, 자신의 힘이 1등의 힘의 20%이하라면 경쟁자는 자기를 문제로 삼지 않고 눈감아 준다. 따라서 오히려 안전하다는 것을 의미한다. 힘이 없을 때는 이 원리안에서 정보를 탐지하고 작전을 짜며 일거에 1등의 3배이상 힘으로 공략하는 것이 원칙이다.

　마지막으로 ⑤의 '8대 10의 심리효과 원리인데, 이상에 말한

①~④의 원리는 이른바 통계적 원칙이다. 이러한 것은 당사자가 인간이기 때문에 때때로 의욕이라던가 자신감 등 심리적 효과에 의해 깨지는 경우도 있다. 그러나 그 한계는 약자의 힘이 강자의 80%까지 도달했을 때 뿐이고, 80% 이하의 힘밖에 없으면 심리적 효과는 도리어 마이너스로 작용할지도 모른다는 것이다.

다만 여기에서 힘이라는 것은 앞에서도 말한 바와 같이, 일반적으로 경쟁하는 당사자가 경쟁 장면에 투입할 수 있는 인력·물건·돈·정보 등의 총합적인 힘으로써 해석해 주기 바란다.

17. 란체스터의 3가지 수치

여기에 다음과 같은 재미있는 수학적인 문제가 있다.

지금 가령, 10의 병력수를 가진 A군과 6의 병력수를 가진 B군이 똑같은 지리적인 조건 속에서 똑같은 성능의 병기를 가지고 정면 충돌을 했다고 가정하자, 승리는 당연히 10의 병력수를 가진 A군으로 정해져 있다. 6의 병력수를 가진 B군이 전멸할 때까지 싸운다고 한다면 10의 병력수를 가진 A군의 손해병력수는 얼마나 될까? 이것이 문제이다.

이 물음에 대답하기 위해서는 OR의 수법에서 말하는 '란체스터의 공식'을 사용하는 것이 가장 정확하다. 이것은 제2차 대전중

미국의 작전계획에 응용되어 좋은 성적을 올린 점에서 그 정확성이 입증된 것이다.

A군의 병력수를 X, B군의 병력수를 Y로 하고, B군이 전멸하기까지 싸운 경우의 A군의 잔존 병력수를 Z로 하면,

$$X^2-Y^2=Z^2 \text{ 즉, } \sqrt{X^2-Y^2}=Z$$

와 같은 식이 성립한다. 이것이 란체스터의 공리이다.

이 식에 앞의 문제의 수치를 적용해 보자. A군의 잔존 병력수 Z는 $\sqrt{X^2-Y^2}=\sqrt{10^2-6^2}=\sqrt{64}=8$이 되고, 따라서 A군의 손해병력수는 $10-8=2$로 문제의 답은 2가 된다. 6의 병력수를 가진 B군이 전멸했을 때의 A군의 손해병력수는 겨우 2에 그친다는 것이다.

이것은 예를 들면 공중전을 예로 들어 보아도 그대로 들어맞는다. 비행기와 무기의 성능, 파일럿의 수준 등이 모두 같다는 조건이라면 A군 10대, B군 6대로 싸우는 공중전은 B군의 6대가

모두 격추되는데 비해 A의 손해는 2대로 그친다.

이 란체스터의 공식을 발견한 것은 영국의 기술자 F. 윌리엄 란체스터(1868~1946)인데 그 뒤, 그의 사고방식에 여러가지 수정이 가해지고 마케팅의 방면에도 널리 이용할 수 있게 되었다.

란체스터의 사고방식을 기본으로 해서 도출되는 몇가지 결론 가운데 마케팅 분야에서 중요하다고 생각되는 것 가운데 하나로 다음과 같은 3개의 수치를 들 수 있다.

① 41.7%, ② 73.88%, ③ 26.12%라고 하는 수치인데, ①은 복수의 경합에서 당면한 목표가 되는 것으로 여기까지 셰어를 갖게 되면 안전권이라는 수치이고,②는 독점을 위한 조건 수치, ③은 하한(下限) 목표가 되는 것으로 우선 이 수치에 도달하지 못하면 셰어(점거율)가 1등이라도 아직 불안정하다는 수치다.

이상의 수치에 나의 경험과 여러가지 심리적 효과 등을 고려해서 만들어진 것이 다음 항에서 말하는 '셰어 원칙'이다.

18. 셰어원칙

내가 작성한 셰어(점거율)원칙을 정리하면 그림과 같이 되는데, 설명해 보자.

①의 '독점 셰어'는 경쟁시장에 있어서 74%이상의 점거율을 차지하면 우선 절대로 안전하다는 의미이다.

②의 '상대 셰어'는 하나의 시장에 있어서 경쟁하는 회사가 2개 이상 있는 경우, 42%이상의 셰어를 다른 회사보다도 빨리 획득하는 쪽이 압도적으로 유리한 입장에 설 수 있다는 것을 말해 주고 있다. ① ②를 포함해서 안정셰어로 불러도 좋다.

다음에 ③의 '톱 셰어'는 하나의 시장을 몇 개의 기업에서 경쟁하면서 제각기 그다지 차가 없는 경우, 1등이 이익을 얻기 위한 최저의 셰어가 26%라는 뜻이다. 결국 제각기 도토리 키재기 상태이고, 1등의 셰어가 26%에 달하지 못하면 1등일지라도 거의 이익은 낼 수 없는 것으로 생각하지 않으면 안된다.

또 ④의 '영향 셰어'는 점거율이 11%에 달했을 때에 자신의 존재가 경합시장에 가장 영향을 줄 수 있게 된다는 것을 나타내고 마지막으로 ⑤의 '존재 셰어'는 7%의 셰어에 도달하지 못하면 경합시장에 있어서 경쟁자에게 자신의 존재를 인정받지 못하게 된다는 것을 뜻하고 있다.

여기에서 가장 흥미로운 것은 ④의 영향 셰어(11%)일 것이다. 이것은 시장을 뒤흔든다는 뜻에서 흥미롭다. 또 기묘하게 소유욕의 원칙에도 부합하고 있다.

소유욕의 원칙이라는 것은 다음과 같은 실험의 결과로도 밝혀지고 있다.

예를 들면 여기에 100마리의 원숭이가 있다고 하자 그 가운데 1마리에 1개의 바나나를 주어도 원숭이 가운데에는 소동이 일어나지 않는다. 그런데 바나나를 주는 원숭이의 수를 늘려감에 따라서 소동은 커지고 11마리의 원숭이에게 1개씩 바나나를 주었을 때에 100마리의 원숭이 사회의 소동은 피크에 달한다

(영향 셰어의 11 %와 합치). 그 뒤로는 바나나를 갖게 되는 원숭이의 수가 늘어감에 따라서 소동은 줄어들고 그 수가 50마리 이상이 되면 소동은 거의 없어지게 된다. 이 소유욕의 원칙은 인간사회에도 거의 그대로 들어 맞는다. 여하튼 경쟁사회에 있어서 어떻게 해서 안정 셰어인 42 %이상을 획득해 나가느냐 하는 것, 이것이 경쟁에서 이기기 위한 하나의 결정적인 수단이 된다는 것을 이해하기 바란다. 또한 이 셰어 원칙을 '목표설정을 위한 중요 포인트'로서 이용해 왔는데, 근년에는 여기에 '가장 적절한 법칙'을 첨가시켜 좋은 성적을 올리고 있다.

19. 약자를 괴롭히는 법칙

몇번이나 되풀이 해서 말한 바와 같이, 경쟁사회에 있어서 강자는 약자보다도 절대적으로 유리한 입장에 있다. 그것은 싸우기 전부터 명백한 것이다. 그렇다면 처음부터 자기보다 강한 자에게 몸으로 부딪쳐 나아간다는 것은 경쟁법상 가장 어리석은 방법이라고 하지 않을 수 없다.

경쟁은 이기지 않으면 의미가 없다. 경쟁에 이기는 목적은 점거율을 높이는 일인데 그 최선의 방법은 바로 자신보다 바로 밑에 있는 약한 상대를 끌어안고 마는 것이다. 이렇게 되면 절대로 지는 일은 없다. 즉 자신보다 약한 자하고만 경쟁을 한다는 것, 이것이 경쟁의 하나의 원칙이다. 이것을 '약자를 괴롭히는 법칙'이라고 한다.

'약자를 괴롭히는 일'은 확실히 좋은 것은 아니고, '강자를 누르고 약자를 도와주는 것'이 동양의 미덕에 들어맞는 것이라는 것도 잘 알고 있다. 하지만 현실의 경쟁사회가 그같은 미덕과는 달리 '약자를 괴롭히는 법칙'에 지배되고 있는 것도 또한 부정할 수 없는 사실이다. 점거율은 약자를 괴롭힘으로써 확대된다. 강자의 기업이 그렇게 해온 것처럼, 약자인 기업도 보다 더 약한 자를 괴롭혀서 점거율의 확대를 꾀하고 강자가 되는 과정을 거치

지 않으면 안된다.

　그 과정을 좀 더 자세히 설명해 보자.

　(1) 약자에게 있어서 경쟁목표는 어디까지나 강자이다. 그렇지만 처음부터 강자와 다투는 것은 자신의 죽음을 뜻한다. 그래서 우선 강자에게 대항할 수 있는 힘을 기르지 않으면 안된다.

　(2) 그러기 위해서는 경쟁목표와는 별도로 당면한 공격목표를 자신보다 바로 하위의 약자로 정하고 그것을 포괄해 나가는 것이다. 그리고 점거율을 확대해서 자신의 힘을 강화한다.

　(3) 이렇게 해서 강자와 대항할 수 있는 자신감이 붙게 되면 다시 새롭게 공격목표를 강자로 변경하고 비로소 강자와 슬며시 경쟁을 해본다. 그 결과 잘 안되면 다시 약자를 괴롭히는 일로

되돌아 가지 않으면 안된다.

(4) 강자가 되는 과정은 그 태반이 이와 같은 약자 학대의 역사이다. 그것은 강자가 된 뒤에도 절대적인 안정을 얻기까지 계속하지 않을 수 없다.

이상과 같이 약자와의 경쟁해서 이기고 있는 사이에 힘이 붙고 자신도 강자가 될 수 있다는 것, 그것을 되풀이 하고 있는 사이에 업계안에서는 최강자가 되고, 일찍이 자신보다 강했던 기업과의 경쟁이 가능하게 된다는 것——이것이 경쟁의 상식이라는 것이다. 약자 학대가 그다지 마음에 내키는 일은 아니지만 현실적으로는 가장 중요한 '약자의 전략'이라는 것도 알아두기 바란다.

20. 싸우지 않고 이기는 것이 최고의 전략

승리를 위한 전략으로서는 경쟁하지 않고 이기는 것이 사실상 최고의 전략이다. 그러기 위해서는 무점포 지역에서 점포를 개설하던가, 경쟁 점포보다 압도적으로 우위의 점포를 만들던가 하는 수밖에 없다.

그림은 경영 컨설턴트로서의 오랜 경험을 바탕으로 경쟁 대책에 대해 정리한 것인데 이것은 실로 재미있는 의미를 함축하고 있다. 그 의미를 몇가지 간추려 보면,

① 경쟁은 상대와 자신이 동등한 정도의 힘을 지니고 있을

때 가장 치열하고, 이 때가 경쟁 당사자에게 있어서는 가장 이익으로 연결되지 않는다.

② 자기 회사가 1등일 때는 2등이하일 때에 비해 훨씬 이익의 발생 비율이 높다.

③ 경쟁할 때 보다도 경쟁을 하지 않을 때, 이익이 많이 발생한다.

④ 경쟁자가 전혀 없을 때 보다도 훨씬 힘이 약한 경쟁자가 있을 때 이익이 발생한다.

⑤ 최고의 경쟁 전략은 자기 회사가 1등이고, 여기에다, 경쟁을 하지 않아도 좋은 상태를 경쟁지역에 조성해 두는 것이다.

일반적으로 지적(知的) 동물은 적자생존＝우승열패(優勝劣敗)의 원리에 따라서 순위 다툼과 영역 확보를 위해 경쟁하고 다툰다. 그리고 싸움은 경쟁자의 한쪽이 목적을 달성하고 다른 한 쪽이 체념했을 때에 종결한다.

지적 동물인 인간도 이 숙명에서 벗어날 수는 없다. 인간은 ① 본능적으로 투쟁욕이 있고, ② 체면에 얽매이며, ③ 향상심이 활발하고, ④ 남을 과소평가하는 반면, 자신을 과대평가하고, ⑤ 이성적으로 경쟁의 어리석음을 깨닫기 보다는 오히려 경쟁이 지닌 스릴을 동경하고, ⑥ 기존질서에 대한 도전에서 심리적 황홀감을 느끼는 것과 같은 특성을 지니고 있기 때문이다.

그런데 경쟁은 상대가 있기 때문에 많은 비극을 낳는다. 경쟁에 패한 쪽은 일반적으로 물심양면으로 큰 피해를 입는 것이다. 그것이 자신만의 문제로 그치면 좋은데 자칫하면 많은 사원, 많은 친족에까지 말려들게 하고 만다.

그러면 현실적인 문제로서 경쟁을 어떻게 생각해야 할 것인가. 나는 공략을 하건 방어를 하건, 경쟁상대자로 하여금 경쟁의 욕을 일으키게 하지 않도록 하는 전략을 취하는 것이 최선의 방법이라고 생각하고 있다.

최고의 전략이란 요컨대 경쟁을 하지 않고 목적을 달성하는 것이다. 경쟁상대를 체념하게 하고, 싸우지 않으면서 목적을 달성하는 것, 즉 싸우지 않고 이기는 것, 여기에 인간이 경쟁에 몰두하는 의미가 있는 것이 아닐까. 경쟁하지 않고 승리를 거두었을 때, 경쟁은 그 참다운 목적을 달성했다고 말할 수 있다.

21. 약자일수록 거점 확보가 중요하다

인간에게도 기업에게도 거점은 필요하다. 거점이란 안심하고 돌아갈 수 있는 곳, 마지막에 의지할 수 있는 곳, 그리고 그 곳에서는 강자의 생활을 보낼 수 있는 곳, 마케팅으로 말하자면 언제던지 이익을 낼 수 있는 곳을 말하는 것이다.

가령 경쟁에 패하고 본거지 이외의 모든 것을 강자에 의해 빼앗겨도 거점이 있으면 그곳에 틀어박혀서 천천히 여유있게 힘을 기르고 다음 공격의 방법을 구상하거나 준비를 하거나 할 수도 있다.

예를 들면 1935년 이후 1945년 2차대전이 끝날 때까지 중국 공산당은 10년간에 걸쳐서 수도를 협서성(陝西省) 북부인 연안(延安)에 두고 그곳을 중심으로 세력의 확충을 꾀하고 있었던 것인데, 이 경우 연안은 어디까지나 중국 공산당의 거점이었다.

약자에게 있어서는 이와 같은 의미에서 절대로 누구에게도 침범당하지 않는 거점을 우선 가질 필요가 있다. 만일 그것도 없이 모든 일에 걸쳐서 약자의 입장에 만족하지 않을 수 없다면 그것은 개인이건, 기업이건 절망적인 총체적 멸망이고, 죽음을 가져올 위험성마저 있다고 할 것이다.

우리는 평상시 괴로운 일과 어려운 일에 직면하거나 하면 때때

로 문득 자신의 부모나 고향을 회상하는 수가 있다. 이경우 부모라던가 고향이라는 것은 우리들 개인에게 있어서 심리적인 거점이라고 해도 좋다.

옛날부터 자주 '배수진(背水陳)'이라는 말이 사용되고 있다. 한(漢)의 무장 한신(韓信)이 조왕(趙王) 헐(歇)과 싸웠을 때, 일부러 배후에 강을 낀 진을 쳐서 아군을 한 발자국도 뒤로 물러설 수 없는 절체절명(絶體絶命)의 입장에서 결전을 감행해 멋지게 적을 무찌른 고사에서 나온 말이다.

그런데 이 경우는, 후퇴하지 않고 싸우게 하기 위해서 일부러자신의 군사들로 하여금 배수진을 치게 한 것이고 그래서 성공을거둔 것이지만, 이것이 의도와는 달리 강력한 상대방의 공격을 피하지 못해 물속으로 내몰리게 됐다면 어떻게 됐을까. 아마도 순식간에 무너져버리고 몰살됐을 것이다. 아무리 궁지에 몰리더라도 '고양이를 물 수 있는 쥐'는 그렇게 흔히 있을 수 있는 것이 아니다.

마케팅에 있어서도 말하자면 배수진을 친 경우, 우선 이익은 없다고 보는 것이 좋다. 우리는 강자이건 약자이건 어찌되었든 남에게 침범 당하지 않는 거점을 확보해야 할 것이다. 하나만이라도 강자의 입장에 설 수 있는 장소, 즉 거점을 확보하지 못하면 심리적으로나 실질적으로 경쟁력을 가질 수가 없다. 자신이 약자이면 약자일수록 우선 절대적이라고 해도 좋을 정도로 거점 만들기에 힘써 주기 바란다.

22. 국지전(局地戰)에서는 집중주의로 이겨라

힘을 집중했을 때의 강점, 또 반대로 힘을 분산시켰을 때의 약점에 대해서는 이미 '포괄주의'에서 말한 바가 있다.

"우리의 전략은 1을 가지고 10에 맞서는 것이고, 우리의 전술은 10을 가지고 1에 맞서는 것이다."

이같은 모택동의 말도 그때 함께 소개했다.

　모택동의 이 말은 전체적인 총합전략에 있어서는 아군이 적보다 훨씬 뒤떨어져도 개개의 국지전에서 적보다 우수한 병력을 집중시킬 수가 있으면 약자에게도 강자를 이길 수 있는 기회가 충분히 있다는 것을 말해 주고 있다. 이른바 집중 주의를 바탕으로 한 1등주의의 사고방식이라고 해도 좋다.

　사실, 일찍이 일본군은 넓은 중국대륙에서, 이 전투방법에 의해 뼈아픈 타격을 입고 있었다. 당초 압도적인 힘을 자랑하고 있었던 일본군도 넓은 국토에서는 병력을 분산시켜 나아가지 않을 수 없었던 것인데, 그 분산된 개개의 부대에 대해 집중공격을 가했던 것이고, 일본군의 고전은 당연한 것이었다.

　집중주의의 위력은 태평양전쟁에서 미국과의 작전에서도 발휘되고 있다. 처음에는 파죽지세로 중부 태평양의 거의 모든 섬들을 점령해 나갔던 일본군이었지만 이것도 생각하기에 따라서는 자신의 힘을 단순히 분산시켜 나간 것에 지나지 않는다.

점령한 섬들은 바다 멀리에 고립, 분산하는 운명에 있었다. 그러나 하나의 섬들에 대해서 일본군이 보유하고 있는 병력의 2~5배의 병력을 투입해서 잇따라 미군이 반격을 해 왔으므로 견딜 수가 없었다. 일본군에게 남아 있었던 것은 마지막에는 정신력뿐이었다.

이 집중주의의 원리는 물론 마케팅의 면에도 적용된다. 예를 들면 '다이에'라던가, '니스토모(西友)', '이토요카도' 등은 일본에서는 손꼽히는 대체인스토어들이고, 기업으로서의 총합력에 있어서도 압도적인데, 이러한 점포들이 모든 지역에서 압승을 하고 있는 것은 아니다.

반대로 총합적인 힘에서는 약하고 전국적으로 그다지 이름이 알려져 있지 않은 점포라도 지역에 따라서는 이러한 총합력에서 뛰어난 점포와의 경합에서 이기고 1등 점포로서의 지위를 확보하고 있는 곳이 많다.

이것은 크게 주목해야만 할 일이다. 특히 소매업과 같은 폐쇄적인 시장에서의 경쟁에서는 기업으로서의 총합력이 아무리 강해도 다른 곳으로부터의 지원이 불가능한 경우가 많다. 설사 가능하다고 하더라도 거기에는 한도가 있다.

따라서 개개의 지역, 개개의 국지전에 있어서는 기업으로서의 총합력 여하와 관계없이 그 지역에 커다란 집중력을 투입하고 제1위의 정책을 취하는 곳만이 승리를 거두게 된다. 총합력에서는 약자일지라도 그 지역에서는 완전한 강자가 될 수도 있다는 것이다.

23. 분산도 집중을 위한 것이다

이상 기술한 것으로도 알 수 있듯이, 집중주의의 위력은 대단하다. 특히 그것을 단시간에 달성시키는 경우 집중이 지닌 의의는 매우 크다.

기업 경영의 원칙 가운데 '이익을 위해 집중을'이라는 말이 있는데 이것은 집중이 승리를 뜻하고, 이익으로 연결된다는 것을 나타내는 일종의 경험법칙이라고 해도 좋다.

그런데, '집중주의'의 반대어는 '분산주의'이다. 집중이 이익으로 연결되는데 비해 분산은 이익으로 연결되지 않는다. 그런데 기업의 전략으로서 때로는 이 분산주의를 취하지 않을 수 없는 경우도 있으므로 덧붙여 두고 싶다. 분산하면 이익이 없는 것은 알고 있다. 최종적으로는 집중밖에 이익이 없다는 것도 충분히 알고 있다. 그럼에도 불구하고 분산주의를 취하지 않을 수 없는 것은 무슨 이유인가.

그것은 자신이나 경쟁자에게도 대상이 되는 시장을 잘 파악하지 못한 케이스가 자주 있기 때문이라고 말할 수 있다. 이와 같은 시장에 대한 전략은 분산주의를 취하는 것 이외에 좋은 방법이 없다. 즉 분산에 의해 시장의 모든 분야를 철저히 탐색 분석하고 그 가운데서 집중을 해도 충분히 메리트가 될만한 것을 찾아내는

것이다. 이른바 무엇에 집중해야 할 것인가, 어떻게 집중해야 할 것인가, 어떻게 하면 가장 메리트가 큰가를 모색하는 방법으로서, 그것을 위해 가장 필요한 수단이 분산주의라고 말할 수 있다.

이 분산과 집중의 안정적 조화는 수레의 두 바퀴와 같은 것으로 한 쪽이 없으면 아무런 의미도 없게 되고 만다. '공격은 최대의 방어이다'라고 하는데 그것은 공격측의 집중성을 말해주고 있다.

일반적으로 집중은 공격과 연결되고 분산은 방어와 연결된다. 하지만 나는 그와 같은 의미에서 집중과 분산의 조화적 협력을 여기에서 설명하고 있는 것이 아니다.

방어를 주목적으로 한 분산은 어디까지나 결코 이익으로는 연결되지 않기 때문이다. 내가 말하는 분산은 방어를 위한 것이 아니라, 어디까지나 공격을 주목적으로 하는 분산이며, 공격의 포인트를 찾기 위한 분산인 것이다. 그 점 착오가 없기를 바란다.

이것은, 하나의 유익한 정보를 얻기 위해 가능한 한 많은 정보를 모으는 것과 방법이 비슷하다. 요컨대 집중적으로 이익을 얻기 위해 집중할 수 있는 부분(시장)을 분산으로 찾는 것이다. 분산으로 찾고 집중으로 이익을 내는 것이다.

좀더 자세히 말하자면, 앞서 말한 안전 점거율 42%이상을 확보할 수 있는 상품과 시장을 찾기 위해 분산하고 그것을 확실히 42%이상 확보할 수 있다고 자신감이 섰을 때에 비로소 집중하는 것이다.

집중과 분산의 조화가 두 바퀴처럼 되지 않으면 안된다는 것은 그와 같은 것을 의미하고 있다.

24. 2개의 공격원칙
──기습법의 꿈을 버릴 것

상대보다 훨씬 강한 힘으로 정정당당히 경쟁자를 물리친다. 이것이 경쟁사회에서 가장 이상적인 공격 패턴이라는 것은 이제까지 말한 것으로 보아도 명백할 것이다. 그러면 어떻게 하면 그것이 가능한가. 거기에서 나타나게 된 것이 이제부터 말하는 '공격원칙'이다.

공격원칙에는, 크게 나누어 제1의 원칙과 제2의 원칙 두 가지가 있다.

제1의 원칙이란, 경쟁시장에 있어서는 우선, ① 상대편의 장점, 단점의 양면을 공격, ② 상대편의 장점만을 공격, ③ 상대편의 단점만을 공격하라는 3가지로 성립되고 있다. 이것은 능력이 있으면, ①과 같이 상대방의 장점, 결점의 양면을 공격하고, 그것이 안되면 ②와 같이 상대의 장점만을 공격하며, 그것도 안되면 우선 상대방의 단점만을 공격하는 것부터 시작하라는 뜻이다.

아무튼 자신의 능력에 걸맞는 방법을 택하면 좋은데, ① 경쟁자를 완벽하게 분쇄하는 방법이므로 상당한 능력이 없으면 불가능하고, ②도 상대가 상당히 힘을 기울이고 있는 부분을 공격하여 그 결점을 드러나게 하는 방법이므로 상당한 힘이 필요하다. ③은 우선 상대의 약점을 공격하고 거기에 따라서 자신에게 힘이 붙은 다음 ②로 나아가는 방법인데, 약자에게는 이 방법밖에 없다.

공격의 제2의 원칙이란, ① 자신의 능력이 10이고 상대의 힘이 3이하 ② 자신의 능력이 3이고 상대의 힘이 10 이상인 경우의 공격방법이다.

①의 경우는 그대로 상대방을 정면에서 공격하면 되는데, ②의 경우는 그렇게는 안된다. 그래서 될 수 있는 한, 상대방의 힘을 분산시킬 시점에서 자신과 상대방과의 힘의 관계를 10대 3을 가지고 집중 공격한다.

앞서 말한 모택동의 전법도 이와 똑같은 것으로 이것은 약자의 정공법이라고 해도 된다.

물론 이 경우 일본 전국시대의 무장인 노부나가(信長)가 오케하자마(桶狹間)의 전투에서 취한 것처럼 기습법(奇襲法)으로

성공하는 경우도 때로는 있을 것이다. 그것은 부정할 수 없다. 그러나 노부나가(信長)가 기습법을 택한 것은 그의 생애에 있어서 오케하자마에서의 1회뿐이었다는 것도 잊지 말기 바란다.

기습법은 그야말로 생애에 한 번이나 두 번 밖에 택해서는 안될 방법이라는 것을 생각해야 한다. 언제나 기습법으로 나아간다면 상대방에게 완전히 간파당하고 말 것이다. 씨름에서 발을 걸어 넘어뜨리는 것은 기습법이다. 이것은 어쩌다가 성공하는 것이지 언제나 성공할 수 있는 것은 아니다.

기습법도 때로는 필요한 경우가 있을지도 모른다. 그렇지만 기습법의 꿈을 쫓을 것이 아니라 어디까지나 당당하게 이길 수 있는 장소와 상품을 추구해 나가는 것이 바람직하다. 경쟁이 치열한 시대일수록 그와 같은 공격법이 요구되는 것이다.

25. 계획적인 영구화(永久化)를 지향할 것

기업이나 인간도 시류(時流)에 편승하는 것은 중요하다. 그렇지만 '앞으로의 1년은 과거의 10년이고, 앞으로의 10년은 과거의 100년에 해당된다'는 말이 있듯이 오늘날은 변화가 눈부신 시대다. 시류에 계속 편승한다는 것도 폭풍우의 파도타기와 마찬가지로 매우 어렵다.

이와 같은 격변의 시대를 어떻게 살아나가야 할 것인가. 이것은 누구에게 있어서나, 어떤 기업에 있어서나 중요한 문제이다. 물론 변화가 빠른 이때에 그때마다 적응할 수 있으면 좋다. 그러나 그것이 대단히 곤란하다면, 우리 스스로는 변화하지 않으면서 변화에 따라 갈 수 있는 방법을 생각하지 않으면 안된다. 그 방법이 이제부터 말하는 '계획적인 영구화'이다.

본래 경영의 원칙은 한 번 만든 점포와 공장·설비 등을 가능한 한 오래 사용하는 데 있다. 바꾸어 말하면 이전이나 증설, 개장(改裝) 등을 가능한 한 적게 하는 것이다.

이익은 그러한 것을 장기간 사용함으로써만 착실하게 늘릴 수 있다. 감가상각 이전에 이전(移轉)이나 증개축(增改築) 등이 얼마나 경영체(經營體)의 발목을 잡는지는 새삼스럽게 말할

필요조차 없다.

　소매점으로 이야기를 옮기자면, 한 번 만든 점포는 영구히 사용하자고 처음부터 생각해서 만드는 것이 좋다. 예를 들어 하나의 상권안에서 점포를 만드는 경우, 1급지에 가장 큰 점포를 만들어 두면 세상이 아무리 바뀌어도 '포괄주의적인 방식의 상품 진열'을 하고 있는 한 번창하는 것은 틀림없다.

　구체적인 실례로, 1급지에서 가장 큰 점포를 계획적으로 만드는 것을 정책으로 삼는 '소고오 백화점'과 같은 개점전략은 점포를 만드는 점에 있어서 가장 올바르다고 말할 수 있다.

　이것을 경험적으로 룰화 하면 다음과 같이 된다.

　① 세상의 변화에 대응하지 못하면, 그 기업의 실질 성장률은

마이너스가 된다.

② 변화에 대해 무계획적으로라도 대응할 수만 있으면 현상유지 또는 약간 성장할 수 있다.

③ 계획적으로 자신도 변화하면서 변화에 대응할 수 있으면 매년 5~10% 정도의 실질 성장이 가능하게 된다.

④ 그렇지만, 세상의 변화에 대해서 계획적으로 더구나 자신은 변화하지 않고 대응할 수 있는 것. 이것이 가장 최선의 방법이다. 이렇게 되면 매년 성장률이 10% 이상은 가능하게 될 것이다. 이 마지막 ④가 소위 '계획적인 영구화(永久化)'인 것이다.

이상은 경험에서 얻은 원칙인데 실제로 뒷받침되고 있으므로 이것은 정확한 것이라고 생각해도 좋을 것이다. 요컨대 계획적으로 영구화를 지향하는 것, 이것이 앞으로의 중요한 전략인 것이다.

26. 물품 과잉시대의 기본전략, '정공법주의'

'작전은 비밀로 해야 한다'고 말한다. 이 경우의 비밀이란 고밀도＝계획적인 것과, 비밀의 유지라는 두 가지로 알려져 있다. 그런데 오늘날에는 가장 계획적이고 비밀스런 기습법으로는 성공할 가능성이 대단히 적어지고 말았다. 정정당당하게 여론을 납득시키고, 상대방에게 속셈을 보여 준 다음 공격하는 정공방법의 시대가 된 것이다. 그러면 정공법이란 무엇인가?

(1) 정공법이란, 10의 힘으로 3의 일을 성취하는 것이다. 때로는 3의 힘으로 10의 일을 하지 않으면 안되는 경우도 있는데, 그것은 시류적응과 절대 안전이라는 자신감을 가질 수 있을 때뿐이다.

(2) 정공법이란, 시대적 흐름에 앞서 있는 계획성에 바탕을 두고 공격하는 것이다. 정신적으로도 감속(減速)과 안정과 협조의 시대가 다가 온다. 거래선과 관계되는 업체에 손해를 끼치면서 자신의 이익을 남긴 시대에서 관련된 거래처에 이익을 남기게 하고 자신도 이익을 남기는 시대가 다가온다.

(3) 정공법이란, 집중화·거점화로 돈을 벌고, 분산화로 탐색하는 것이다.

(4) 정공법이란, 공개적으로 공략하는 것이다.

심리학자인 조와 허리가 고안한 '조허리의 창'이라고 하는 재미있는 원칙이 있다. 다음의 표는 '조 허리의 창'을 경영적으로 수용한 것인데, '자신도 타인도 이해가 되는 자기'를 실행하지 않으면 안되는 것이 이제부터의 시대이고, 이 시대에 알맞는 방법이 정공법이다.

그것에 대해서 '자신은 아는데 남이 모르는 자기'로 공격하는 것을 기습법이라고 한다. 기습법으로 성공할 가능성이 대단히 적어진 것은 물질보다 정신을 중요시하는 시대로 변하고 있고 결과와 마찬가지로 그 과정도 중요시하게 되었으며, 기습법을 한번이라도 사용하면, 제3자로부터 전혀 신뢰를 받지 못하게 되기 때문이다. '남은 자기를 꿰뚫어보고 있는데, 자신이 모르

	자신을 알고 있는 자 신	자신을 알지 못하는 자신
자신이 알고 있는 자 신	정 공 법	좋지 않음
남이 모르는 자 신	기 습 법	이상시법

는' 경우는 절대로 전투에서 패한다. 따라서 이런 싸움은 피하지 않으면 안된다.

또 '자타가 모두 자신을 모르는' 경우는 이상시법(異常時法)을 사용해야 할 것이다. 이상시법이란 ① 실정 공개, 전원 일치와 전원 판매주의로 재고품을 우선 줄여 자금화 할것. ② 불요불급의 지출은 일체 억제하고 자금의 여력을 가질 것. ③ 판매에 자신이 없는 것은 구입하거나 만들지 말것. ④ 확인하는 관리, 의지(意志)에 의한 판매에 철저할 것을 말한다.

(5) 정공법에서는 이노베이터가 추구하는 것을 중점적으로 노려야 한다. 세상에는 스윙기, 이노베이터, 전기추종자(前期追從者), 후기추종자(後期追從者), 지체자(遲滯者) 등 5종류의 인간이 있는데 실제로 세상을 움직이고 있는 것은 이노베이터이다. '영속성, 대의명분성, 보수성, 자연성'에 따르는 것이 이노베이터

의 특성이라고 해도 좋다.

(6) 정공법이란 능력에 알맞게 1등주의를 추진하는 것이다. 물자가 과잉된 시대, 사양기에 있어서의 기본전략으로 활용하기 바란다.

27. 후나이식 경영법과 '물의 5가지 교훈'

이 장(章)의 마지막으로 후나이식 경영법의 원리적(原理的) 인 사고방식에 대해서 말해 두고 싶다.

일찍이 나에게도 실패만 거듭하고 있었던 시대가 있었다. 실의(失意)의 밑바닥에서 '나처럼 쓸모없는 인간은 없다'는 생각에 잠겨 있었던 나는 정신적인 충격에서 필사적으로 벗어나려고 어느 선사(禪寺)를 찾아갔다. 그곳에서 나는 '물을 스승으로 삼아라'는 가르침을 받은 것이다.

그 이전에 심리학을 전문적으로 배웠고 종교에도 대단히 흥미를 가지고 있었으므로 '믿음'에 대한 심리학적 의의는 충분히 이해하고 있었지만 인텔리의 나약함이랄까, 이론에만 치우친 탓이라고 할까, 좀처럼 스승과 신앙(信仰)의 대상을 찾아내지 못하고 있었다. 그것이 실패라고 하는 쇼크에 의해 자각심(自覺心) 때문에 이럭저럭 선사를 찾을 생각이 들었던 모양이다.

나는 망부(亡父)에게서 노장사상(老莊思想)을 배운 바가 있

고, 어릴적부터 자연숭배 사상과 같은 것을 마음속에 품고 있었다. 물론 그것은 내가 동양인이기 때문이기도 할 것이다. 따라서 자연에 심취하는 것이 최고이고, 자연을 스승으로 삼는 것이 최고라고 평상시에 생각하고 있었다. 그러나 현실적으로 남에게 봉사하기 위해 자연에 가공을 하는 일을 하면서 살아왔으므로 자칫하면 사고방식에 혼란을 일으키기 쉽다는 것도 사실이다.

　따라서 실패의 경험으로 자아에서 깨어났다고는 하지만 자신이 쓸모없는 인간이라는 열등감과 함께 선사(禪寺)에서 구체적으로 얘기를 듣기까지는 아무래도 묘한 저항심이 고개를 들어 진심으로 순종하는 마음은 되지 못했던 것이다. 그런데 선사에서 '물'에 대해서 깨우침을 받고 마음이 후련해진 것은 그 때 '물의 교훈'에 대해서 가르침을 받았기 때문이다. '물의 교훈'이라는 것은 다분히 에토시대(江戶時代)의 학자가 만들어 낸 것으로서 다음의 5가지로 구성되어 있다.

① 스스로 활동하면 남을 움직이는 것은 물이다.

② 장애물에 직면하면 분발하고 그 세력을 100배로 증가하는 것은 물이다.

③ 언제나 자기의 진로를 끊임없이 추구하는 것은 물이다.

④ 스스로 깨끗하므로 다른 더러운 것을 씻겨주고 더구나 청탁(淸濁)을 아울러 받아들이는 것도 물이다.

⑤ 양양하게 대해(大海)를 채우고 구름이 되어 비로 변하며, 얼면 영롱한 빙설이 된다.

그러나 그 본성을 잃지 않는 것은 물이다.

이 '물의 5가지 교훈'으로 나는 잠에서 깨어난 것이다. 돌이켜 보면 후나이식 경영이란, ①에 있는 것처럼 공격의 상법이다. ② 상대편이 있으면 있을수록 더욱 강해지는 경쟁상법이기도 하다. ③ 적극적인 다각화(多角化) 상법이고, '정(靜)'보다는 '동(動)'적이다. ④에 있는 것처럼, 무엇보다도 포괄을 최선으로 생각하고 있다. 그리고 ⑤에 있는 것처럼, 본질을 확실하게 지니고 있지만 변환(變換)이 자유로운 형이다. 그리고 보면 후나이식 경영법이란 자연 그 자체라는 것을 알 수 있을 것이다.

제 2 장
마케팅 전략

28. 적극적인 경영으로 매상을 올려라

　미국·일본 등, 여러 선진국에서는 수년전부터 소비가 보합상
태를 유지하고, 이제까지 취해 온 것과 같은 소비 자극책으로는
소비 증가를 기대할 수 없게 되었고, 여기에 따라서 상점이나
기업의 경영환경도 한층 어려움을 더해 가고 있는 것이 사실이
다.

　이와 같은 시대에서 경영자는, 보통 ① 철저하고 적극적으로
고객 위주를 지향해서 매상을 올리려는 것을 첫째로 생각하는
타입과, ② 소극적으로는 경비를 줄이고 재고를 감소시키면서
매상고를 떨어뜨려서라도 이익을 내려고 생각하는 타입의 두가
지로 나뉘어지는 것이 일반적이다.

　학자나 경영 컨설턴트 가운데에는 ②가 옳다는 사람이 많은
것 같은데, 나는 최근 10년 남짓 ②와 같은 사고방식에 따라 고문
으로서 어드바이즈한 일은 거의 없고, 끊임없이 ①이 옳다고
계속 주장해 왔다.

　경영이라는 것은 전략에 따라서 태반이 결정되는 것이고, 소극
적＝반고객(反顧客) 지향으로 매상을 낮추어도 좋다는 전략과
사고방식으로는 매상이 저하될 뿐만 아니라 이익까지 저하되고
머지않아 기업과 점포가 소멸되지 않을 수 없게 된다는 것이

그 이유이다.

한편, 적극성=고객 위주를 지향해서 어떻게든 매상을 올리려는 전략을 택하면 그 점포와 기업에 손님이 집중되고 경비는 더 들게 되지만 그 이상으로 매상이 올라가 이익도 생기게 된다.

왜 이와 같은 결과를 가져오게 되는가. 그것은 '경쟁이 치열하면 할수록 가장 고객 위주를 지향한 기업과 점포에 고객이 집중하고, 그곳만이 매상과 이익을 확보할 수 있다'는 '경쟁의 원리'가 그곳에 작용하기 때문이다.

그렇지 않아도 인간이라는 것은 재미있는 것이어서 앞을 향해서 적극적으로 나가면 그 사람 주변의 세상도 그와 같이 움직이게 되는 것이고, 반대로 뒷걸음질을 치고 소극적으로 나가게 되면 역시 나쁜 방향으로만 되어 가는 것이다.

그런 의미에서도 경영자는 어디까지나 적극적으로 나아가지 않으면 안되고, 그것은 자신감=플러스 발상을 중심으로 하는 것이어야만 한다. 흔히 '무기력해지면 경영자에서 물러나라'고 한다.

특히 난세의 시대에서 '무기력은 경영 업적의 악화를 가져온다'고도 할 수 있다.

무기력해지는 것은 제발 그만두기 바란다. 가능성이 있으면 반드시 적극적인 공략을 해야 한다. 그리고 어지간한 일이 없는 한 가능성이라는 것은 존재한다. 적극적으로 경영을 하고 매상을 올리는 일을 첫째로 생각하기 바란다.

29. 우선 버는 버릇을 몸에 익히자

여러 회사나 점포를 다녀 보면서 알게 된 것은, 습관적으로 이익을 못내는 회사나 점포에 있었던 사람은 독립을 해서 자신의 점포를 갖게 되어도 역시 벌지를 못한다는 것이다.

또 버는 버릇이 없는 기업이 벌기 위해 신규 분야에 진출해도 우선 90％이상은 벌지 못한다는 것이다. 반대로 버는 버릇이 있는 곳에 있었던 사람, 버는 버릇이 습관적으로 배어 있는 기업 등은 무엇을 하든 벌게 된다.

이상한 일인데, 이것은 사실이다. 나는 버는 버릇이 없는 사람들에게 대해서, ① 우선 버는 버릇을 몸에 익힐 것. 무슨 일이 있더라도 현재의 회사와 점포에서 흑자가 나오도록 하고, 그런 다음에 신규 분야로 진출을 꾀할 것. ② 가능하면 흑자가 많은 회사에 한동안 근무하고 자신에게 버는 버릇을 익힌 다음 새로운 것을 하도록——어드바이즈 하고 있다.

일반적으로 버는 버릇이 없는 점포나 회사에 근무하는 사람들은, ① 자신감이 없다. ② 남에게만 의존하고, 샐러리맨적이다. ③ 행동적이 아니다. ④ 이유만 늘어 놓는다. ⑤ 본업에 전력투구를 하지 않고 그밖의 취미와 레저를 즐긴다는 등의 특성을 지니고 있다. 경영이나 상업적인 면에서 보면 전혀 붙임성이 없는

사람들이라고 해도 좋다.

성공하기 위해서는 현실적으로 버는 버릇을 몸에 익히도록 하고, 그러기 위해 이를 악물고 노력하지 않으면 안된다.

예를 들면 일본의 막부(幕府) 말기의 큰 인물로 일컬어지는 사카모토 류마(坂木龍馬)도 어릴 적에는 전혀 쓸모없는 인간이었다고 한다. 12세까지도 오줌싸개였다고 문헌에도 쓰여 있고 근처 아이들에게 시달림을 받고는 울기만 하는 겁장이, 울보의 대표적인 아이였던 것 같다.

12세 때에 처음으로 서당에 들어갔는데, 이것도 그 무렵에 머리가 좋은 아이가 7세 정도부터 서당에 다니고 있었던 것에 비하면 머리가 그다지 좋았다고는 할 수 없다. 더구나 들어간 지 1년만에 '이 아이는 기억력이 몹시 나빠서 가르칠 도리가 없다'고 쫓겨난 것이다.

이른바 '몸도 약하고, 마음도 약하고 지능도 낮은' 것의 전형이었던 어린 시절의 류마(龍馬)가 훗날에 이미지를 새롭게 하게 된 것은 24세 때 에토(江戶)에서 치바슈사쿠(千葉周作)에게 사사하고 호쿠신 이토류(北長－刀流 ; 일본의 검술)의 면허를 받은 뒤 부터였다. 이때 류마는 열등감에서 벗어나 반대로 자기의 잠재능력을 알고 갑자기 자신감이 붙었던 것이다.

이와 같은 자신감은 자기의 잠재능력을 깨닫고 그와 함께 열등감에서 벗어나게 되면 일거에 몸에 붙게 되는 것이다. ① 하겠다는 의욕과 ② 노력의 존귀함, ③ 그 결과의 위력을 반드시 알아두기 바란다.

현실적인 문제로서 '자기도 돈을 벌 수 있다'고 대외적으로 공표하고, 사실상으로 진짜 돈을 벌면서, 자신감을 갖는 것, 이것이 무엇보다도 소중하다.

30. 상식발상(常識發想)의 마케팅을

"당신이 가지고 있는 것을, 그것을 필요로 하고 있는 사람에게 파는 것은 비즈니스가 아니다. 당신이 가지고 있는 것을 그것을 필요로 하지 않는 사람에게 파는 것은 약간 비즈니스적이다. 그러나, 비즈니스란 당신이 가지고 있지 않은 것을 그것을 필요로 하지 않는 사람에게 파는 것이다."

유명한 유태인의 격언인데, 최근 대규모의 도매업과 소매업을 운영하는 방법에는 아무래도 이 격언을 지키려고 하는 것이 아닌가 하는 생각이 들 때가 있다.

마치 손님이 원하지 않는 것을 만들거나 구입하여 이것을 강매하는 것이 가장 올바르고, 손님이 원하는 것을 찾아오거나 만들거나 하는 것은 장사하는 사람의 체면에 관련이라도 되듯이 생각하고 있는 것 같다.

이 유태 격언은 조국을 빼앗기고 학대를 당하고, 또한 선민사상(選民思想)을 지닌 유태인이 살아남기 위한 마음가짐으로 삼은 것이고, 오늘날 우리들의 마음에 그대로 상식적으로 적용될 수 있는 것은 아니다.

"경쟁이 치열해지면 치열해질수록 고객 위주로 지향해야 한다."

"장사란 손님이 원하는 것을 만들고, 싼 값으로 사업을 해서 최저 마진으로 손님에게 제공하는 것이다."

이것이 오늘날 우리에게 있어서는 우선 가장 상식적이고도 정상적인 사고방식이다.

상식이라는 것은 대다수의 사람들이 납득하는 사고방식이라고 생각한다. 그런만큼 경쟁이 치열해지면 경영수법도 상식적인 것이 최선이 된다. 오늘날 산업계는 세계에서도 가장 경쟁이 치열하고 아직도 더욱 치열해질 것이 예상되고 있다. 그렇다면 산업계에서는 앞으로 좋든 싫든 상식적인 경영과 장사를 하지

않으면 안되게 될 것이 틀림없다.

도매상과 소매점에는 일반적인 상식과는 다른 스스로 '자아 (自我)' 중심의 기업들이 많다. '자아'를 밀어붙이는 것이 마케팅 이라고 생각하는 회사도 있다. 하지만 지금 쓴 것처럼 경쟁이 심해졌을 때, 고객 위주를 지향하지 않는 회사는 좀처럼 살아남 을 수 없다. 따라서 기업이 '자아'를 내세울 경우 그것이 손님의 취향과 맞아떨어지면 좋겠지만 아무래도 '손님은 왕'이고 '변덕' 스럽기 때문에 좀처럼 일치하기가 어려운 것이다. 그때에는 역시 '자아'를 뒤로 물리고 손님 취향에 맞도록 하지 않으면 안될 것이 다.

기업은 손님의 인정을 받음으로써 경영을 유지시키고 있다. 그런 의미에서도 한결같이 '손님은 왕'이고 '손님은 올바른' 것이다. 손님에게서 자기가 인정받기 위해서는 상식적인 발상을 계속하고 손님과 자기가 일체가 되지 않으면 안된다. 경영이란 고정(固定)·부정(否定)·편집(偏執)을 가장 싫어한다는 것이다.

31. 신자(信者) 고객을 만들자

온 세계에서 가장 장사를 잘하는 것이 유태인과 중국인이라고 한다. 최근 이들과 접촉을 해 보고 그들이 우리 상인들보다 인간관계를 특히 소중하게 다루고 있다는 것을 깨달았다.

우리는 걸핏하면 장사는 이해관계라고 분명하게 선을 긋고 이제까지의 인간관계를 무시하면서 더 벌 수만 있다면 하고 새로운 거래선으로 거래를 변경하거나 하는 경우가 자주 있다.

그 결과 오랜 거래선이 곤란을 겪거나, 원망을 당해도 그야말로 올바른 비즈니스의 상식이라고 당연시한다.

확실히 그 사고방식에도 일리는 있는데, 인간성을 연구해 보면 ① 서로 교제하는 상대를 위해 잘 되도록 노력하고, ② 신뢰하며 서로 안심하고, ③ 가능한 한 많은 사람과 친절하게 교제할 수 있는 것이 나에게는 올바른 사고방식처럼 생각된다.

이같은 관점에서 볼 때, 한번 인간관계가 성립되었으면 그것을 소중하게 여기고 그 관계를 더욱 진전시키면서 그 폭을 넓혀가는

것이 최선의 방법이라고 말할 수 있을 것 같다.

　일상적인 경영에 이 사고방식을 응용하면 다음과 같이 된다. 예를 들어 점포와 고객 사이의 관계에는 보통 4가지가 있다고 한다.

　그 하나가 일반 고객, 즉 뜨내기 손님이다. 얼굴 정도는 알고 있어도 이름도 주소도 모르는 손님이라고 해도 좋다.

　두번째는 지인(知人)고객으로서 점포 종사자와 손님이 서로 이름과 얼굴, 살고 있는 곳 정도는 알고 있는 정도의 손님으로 생각하면 된다.

　세번째는 친구같은 손님, 점포의 사람들과 손님이 전화로 웬만한 무리한 일은 서로 부탁할 수 있을 정도의 손님인데, 얼굴, 이름, 주소, 전화번호 외에 다분히 버릇까지 서로 알고 지내는 수준이라고 말할 수 있다.

네번째는 신자(信者) 손님이다. 그 점포에 손님이 어딘지 모르게 매력을 느껴, 그 점포에서 팔고 있는 상품은 특별한 일이 없는 한 타점포에서 사지 않는 손님을 말하는 것이다.

이 가운데 세번째와 네번째를 고정 고객이라고 부르는데, 소매점에서 보통 매장면적 1평당 10명의 고정고객을 확보하면 틀림없이 번창하는 것이다. 또 입지조건이 나쁘고 상품을 골고루 갖추지 못해도 고정객을 많이 확보하면 경영은 성공한다.

따라서 장사에 있어서 중요한 것은 일반 고객을 지인 고객으로, 지인 고객을 친분이 있는 고객으로, 친분이 있는 고객을 신자 고객으로 발전시켜, 고객과 더욱 친밀한 관계를 유지하기 위해 노력하는 것인데, 고객의 고정화 · 신자화(信者化)란 이를 두고 말하는 것이다.

고객과의 관계를 친밀하게 하기 위해서 현재로서는 인간관계를 조성하고, 고객위주를 지향하면서 그 인간관계를 소중하게 하는 것 이외에 특별한 노하우는 없다.

장사의 귀신이라고 일컬어지는 사람들은 우선 무엇보다도 인간관계를 소중하게 여기는데, 이것은 인간성에 바탕을 둔 최대의 상업 노하우, 생활의 노하우이기도 한 것이다.

32. 인간적인 밀착상법으로 고객수를 늘려라

후나이식 경영법은 '확대형(擴大型)'으로 알려져 있다. 그 이유는 가능하면 고객수를 늘려야 한다, 또 취급상품을 늘려야 한다는 발상에서 출발하고 있기 때문이다.

경영체(經營體)에는 확대 아니면 축소 밖에 없다. 현상유지는 불가능하다. 현상유지를 목표로 삼으면 결과는 반드시 축소되고 만다. 또 경영체에 있어서 경비의 자연 증가는 피할 수 없다. 따라서 확대를 목표로 삼지 않으면 계획단계에서부터 과거의 축적된 성과를 감소시키는 것으로 계산을 맞추게 된다. 경영체는 언제나 지속적인 생존을 목표로 삼지 않으면 안된다. 불황이라든가 저성장이라고 해서, 자신의 죽음을 앞당기는 것과 같은 축적된 탕진은 특별한 이유가 없는 한 피해야 된다.

장사의 요령 가운데 하나는 고객을 늘리는 것이다. 고객수가 계속 늘고 있는 이상 경영체는 든든하다. 일반적으로 고객이 늘면, 고객 개개인의 매상 단가가 오르지 않더라도 경영체에 있어서 가장 중요한 매상이 늘어 경영체 자체는 확대·성장을 계속할 수 있기 때문이다.

그런데 새로운 고객을 증가시키고 노력하면 그것과 반비례로, 이제까지의 고객수가 줄어버려 결과적으로 고객이 그다지

늘지 않는 경우가 많다. 경쟁이 치열한 지역의 대규모 양판점 사이에서 이와 같은 일은 자주 일어날 수 있는 현상이다.

결론을 말하자면 새로운 고객을 늘리지 않으면 안된다. 그러나 오랜 고객, 이제까지의 단골손님을 줄여서는 안된다. 장사의 요령은 이제까지의 고객을 고정화 하면서, 새로운 고객을 늘리고 이 새로운 고객까지도 고정 고객이 되도록 하는 것이다.

나는 저성장기나 불황기일수록 소매점 등에서의 접객상법 (接客商法)을 권장하고 있다. 염가판매로 손님을 모으고 셀프서비스로 판다는 것은 그다지 찬성할 수 없다.

특매상품이 떨어지면 값싼 것으로 손님을 모으고 있는 점포에서 손님은 떠나버리고, 그 뒤 특매상품을 계속 내놓는다는 것은 상식적으로 불가능에 가깝기 때문이다. 더구나 셀프 서비스에서는 분명히 점포의 종사원과 고객 사이에 인간적인 연결이 이루어지기 어렵다.

인간을 가장 고정화 하는 것은 인간적인 연결이다. 셀프 서비스 상법에서는 이제까지의 손님을 새로운 동업자에게 점점 **빼앗**기게 되는 조건을 점포에서 만들고 있는 것과 같은 것이었다.

그런 점에서 접객상법은 사람과 사람이 어쩔 수 없이 밀착된다. 또 그만큼 점포의 종사원은 장사에 흥미를 가져야 한다. 흥미를 갖게 되면 사소한 일에도 신경쓰게 되고 개별 대응도 할 수 있다. 그만큼 손님을 소중하게 대하므로 손님도 모여들게 된다. 손님을 고정화 하기 쉬운 장사, 그리고 이제까지의 손님을 놓치지 않는 장사, 새로운 손님을 고정화 할 수 있는 장사, 그것이 접객상법─인간적 밀착상법이고, 이것이야말로 진짜 장사인 것이다.

33. 보다 더 총합화를 기획할 것

이제까지 기술해 온 바로도 알 수 있듯이 소매업계의 경쟁은 더욱 더 치열해지고 있다. 그 가운데서 고통을 가장 **뼈저리**게 느끼고 있는 것은 살아남은 소형점포가 아닐까. 그 가운데서도 소형 점포가 대단히 위협을 느끼게 되는 것은 대형 점포의 존재일 것이다. '연구 노력을 게을리하지 않는 소형 점포에게 있어서 대형 점포는 결코 두렵지 않다. 그것을 잘 이용하면 도리어 플러스가 된다'는 것이 나의 주장인데, 현실적인 문제로서 대형 점포가 개점을 한다는 것은 소형 점포에게 있어서 결코 즐거운 일이 아니다.

이와 같은 소형 점포를 위한 대형 점포 대응책으로서, 또는 경영 개선책으로서, 이제까지도 변함없이 거론되고 있는 것이 '전문화·고급화'이다. 그것은 전문화·고급화에 따라서 업적이 향상되고, 대형 점포 대책이나 경영 개선에 성공한 점포가 몇개 있기 때문일 것이다.

물론 나도 그와 같은 구체적인 사례를 모르는 것이 아니다. 그러나 최근 10여년간 거래 관계자들에게 이와 같은 전문화·고급화 등의 방향설정을 시사(示唆)한 일은 한 번도 없다.

왜냐하면 그러한 성공 예는 특수한 예에 속하고, 성공한 예보다 수십배나 되는 실패를 보았기 때문이다.

앞에서도 말한 것처럼 마케팅의 기본원리는, ① 능력에 걸맞고 ② 1등이 될 수 있다는 2가지 조건을 충족할 수 있는 상권·상품·대상을 결정하는 방법에 있다. 그리고 이 경우, 상권은 넓으면 넓을수록 좋고, 상품도 총합화 하면 할수록 좋고, 대상도 가능한 한 일반화 하는 것이 경영적으로 유리한 것이다.

일반적으로 좁은 상권에서 취급하는 상품과 대상을 세그먼트 하기에는 힘이 없기 때문이고, 또 세그먼트하지 않으면 경영이 성립되지 않기 때문이다.

전문점이라는 것은 이른바 단일품목을 취급하는 세그먼트 점포를 말하는데 어느 소매점도 처음에는 틀림없이 이 전문점에서 출발하지 않을 수 없었다고 해도 좋다. 처음에는 인재도 자금도 없으므로 이것은 당연한 일이라고 말할 수 있다. 그렇지만 이러한 점포의 대부분은 힘을 기르게 됨에 따라서 복합 상품을

취급하게 되고, 이윽고 총합상품을 취급하는 기업으로 성장해 왔다. 1등이라는 조건이 충족되면 취급품목이 많은 쪽이 경영적으로 유리하다는 것은 옛날부터 다 알고 있는 사실이다.

미쓰코시(三越 : 일본의 유명한 백화점)가 포목의 체인점을 만들지 않고 다이에 백화점이 약품의 체인점을 만들지 않았던 이유도 그같은 이유에 따른 것이라고 말할 수 있다.

확실하게 말해 두겠다. 많은 점포가 총합화를 도모하는 가운데서 반대로 더욱 세그먼트하고 더욱 전문화 한다는 것은 대부분 경영 능력이 부족하거나 쇠퇴되는 듯한 점포가 더듬었던 방향인 것이다. 전문화·고급화는 긴 안목으로 보면 결코 대형 점포 대응책이나 경영 개선책이 되지 못한다. 그것을 충분히 인식해 주기 바란다.

34. 전문화·고급화는 시대에의 역행이다

　이미 보아온 것처럼 기업의 발전 역사는 총합화의 역사이고, 반대로 쇠퇴의 역사는 전문화의 역사이다. 전문화는 머지않아 총합화 하기 위한 일시적인 약자의 전략으로서 취하는 것 이외에 추구해야 할 방향은 아니다.

　취급 상품의 총합화·서비스 등의 다양화는 고객이 요구하고 있는 것이고 그렇기 때문에 전쟁에 이겨내기 위한 조건이 되는 것인데, 오늘날과 같이 경쟁이 치열한 시대일수록 이와같은 경향은 더 한층 가속화 될 것이다.

　그와 같은 의미에서 말하자면 백화점과 양판점, 그리고 전문점을 비교해 보았을 경우, 지금 가장 시류에 맞는 것은 백화점이라고 말할 수 있다. 이어서 양판점이고 가장 시류에 맞지 않는 것이 전문점이 된다. 예를 들어 같은 지역에서 같은 면적, 같은 취급품목이라면 백화점은 양판점의 1.5~2배의 매상을 올린다.

　이것은 백화점이 양판점보다 훨씬 시류에 맞는다는 것을 입증하는 것이라고 말할 수 있다. 그럼에도 불구하고 양판점의 산하로 들어가지 않을 수 없었던 백화점이 속출한 것은 어디까지나 경영력의 차이, 노력량의 차이라고 하는 것은 이미 언급한바 있다.

그러면 전문점이 가장 시류에 적응하지 못하는 것은 무슨 이유에서인가?

이유는 여러가지인데, 기본은 경쟁이 치열해지는 가운데서 전문화 하면 절대 고객수가 줄고, 데드라인(손익분기점을 파고드는 선)에 도달되고 마는 점에 있다. 생력화(省力化)와 재고 감축, 전문화는 데드라인이 훨씬 먼 곳에 있다는 조건하에서만 가능함에도 불구하고 이제야말로 그것이 모든 소매점의 발밑에까지 밀려오고 있다는 것이 실상이다.

당연히 이제부터는 총합화, 인력의 투입, 물자의 투입 등으로 이익을 창출하는 방법을 생각하지 않으면 안된다. 그러므로 전문화는 그와 같은 시류에 대한 이른바 역행이다.

고급화도 마찬가지다. 고급화, 그 자체가 나쁜 것은 아니다.

그렇지만 그것은 현상을 살린 다음의 고급화이어야 한다. 즉 지금 있는 상품을 남겨 두고 고급화를 부가하는 것이라면 좋지만, 단순한 고급화로 상품 폭, 그레이드 폭을 줄이는 것이라면 그야말로 무엇을 하고 있는지 알 수 없다. 전문화와 마찬가지로 그것은 데드라인을 향해 뛰어드는 결과를 가져 오게 될 것이다.

백화점은 서비스나 기능이란 점에서 양판점을 이길 수 있고, 양판점은 총합화란 점에서 전문점보다 시대적 흐름에 적응하고 있다.

상품의 총합화, 다각화, 인적 서비스 기능의 다양화, 부가화 (附加化)—이것이야말로 오늘날 소매점 경영의 노하우인 것이다.

35. 데드라인의 원리를 알자

전문화·고급화 한 점포의 실패 사례가 눈에 띄기 시작한 것은 1976년 무렵부터인데, 무슨 까닭일까.

마케팅은 수요 창조와 차별화 때문에 태어났다고 한다. 그것은 또 살아남고 승리하기 위한 노하우를 추구함으로써 태어난 것이기도 한다. 또는 살아남고 이기기 위해서 수요 창조와 차별화가 있었다고 바꾸어서 말하는 것이 정확할지도 모른다.

　세그먼테이션이란, 이 차별화를 위해 일반화 된 노하우를 말하는 것이다. 전문화나 고급화 등은 명백히 세그먼테이션 노하우라고 말할 수 있다.

　그렇지만 노하우라면 살아남고 승리할 수 있는 조건을 충족한 노하우여야만 한다. 그 노하우를 채택한 결과 고객의 숫자가 줄고 매상이 줄어 경영이 성립할 수 없게 되었다고 한다면 그것은 최저의 노하우일 수 밖에 없다.

　일반적으로 경쟁이 없을 때나 공급이 부족할 때, 세그먼테이션은 커다란 효과를 발휘한다. 일본에서도 확실히 그와 같은 시기가 있었다. 그러나 지금은 그렇지가 않다.

　공급부족이 공급과잉으로 바뀐다. 그 변화되는 경계를 경제용어에서는 전환점이라 부르고 있는데 전환점 뒤에서의 세그먼테이션 노하우는 즉각 데드라인을 불러들인다. 이것이 이른바 '데드라인의 원리'다.

1973년의 오일쇼크때, 전환점을 맞이한 상품이 많았던 일본에 있어서 세그먼테이션 수법이 그 뒤, 최저의 노하우의 운명을 걷게 된 것은 이와 같은 이유에 따른 것이다.

전환점 뒤의 경영 노하우는 전환점 전의 그것과 전혀 다르다. 예를 들면, 전환점 전에는 점포 사이드의 사고방식으로 통용했던 점포 개설이 전환점 뒤에는 경쟁을 의식한 고객 사이드 발상의 점포로 크게 바뀌지 않으면 안된다. 전문화·생력화·재고 감축으로 통용했던 마케팅은 그 반대의 총합화, 또는 부가 마케팅으로 이행하지 않으면 안된다……는 식으로.

본래 세그먼테이션은 구미에서 태어난 차별화 노하우이다. 그런데 일본은 구미와 달라서 곧 경쟁이 발생하고 공급과잉이 되고 만다. 이른바 초경쟁사회라는 현실을 잊어서는 안된다.

오일쇼크 뒤, 경영개선책으로서 구미식의 전문화·생력화·재고감축 수법을 채용한 점포가 일시적으로 경영상태가 좋아진 것처럼 보여도 근본적인 해결책은 되지 못하고 결국 실패하고 만 것은 이와 같은 우리나라의 특성을 무시한 마케팅 수법에 따랐기 때문이라고 해도 좋다.

36. 하이 이미지가 필요한 대중상법의 시대

오늘날 일본은 합리화 노력의 정착과 수출 증가로 경기가 상승하게 되었다. 그러나 소매점의 가게 앞에 서서 느끼기에 거기에 수반해서 소비가 증가했다고는 결코 말할 수 있는 상태가 아니다. 소비부진, 공급과잉이 정착되고 말아, 이제야말로 다소의 감세(減稅) 정도로는 소비가 증가되지 않을 것이라는 것을 제일선에서 보면 뼈저리게 알 수 있다.

그때문에 현실적으로 경영 부진에 시달리는 소매점이나, 고객 수가 감소 추세에 있는 상점가에서는 경영개선을 위한 여러가지 대책을 취하고 있다. 예를 들면, 리뉴얼(renewal)의 대유행과 같은 것이 바로 그것이다.

점포의 내장을 바꾸고, 진열 기구를 새롭게 하며 레이아웃을 변경하고, 일부 취급 상품의 품종과 그레이드를 변화시키는 등, 점포 단위의 리뉴얼에서부터 아케이드를 만들고, 통로를 천연색으로 포장하며 각 점포가 일제히 개조를 하는 것과 같은 상점가 전체의 대규모에 이르기까지 그 예는 많다.

이 리뉴얼은 10년정도 전에는 확실히 소매점의 경영 개선을 위한 결정적인 수단이었다. 그런데 최근 4~5년 전부터는 리뉴얼에 의해 그 태반이 도리어 매상을 저하시키고 업적의 악화에

박차를 가하고 있다는 것이 그 실상이다.

그 이유는 리뉴얼에 의해 하이 이미지를 목적으로 하고, 이제까지의 단골 고객을 등한시한 데 있다. 팔리지 않으니까 점포를 개조했다. 점포는 깨끗해지고 거기에 맞추어서 상품 그레이드를 높인다. 하이 이미지의 매장을 만들고 하이 이미지의 상품으로 압축했다. 이것이 리뉴얼의 일반적 패턴인데 결과는 보기좋게 실패한 것이다.

확실히 오늘날은 하이 이미지의 시대라고 말할 수 있다. 이미지가 나쁜 곳, 나쁜 점포, 나쁜 회사에는 사람이 모이지 않고, 경영도 뜻대로 되지 않는다. 따라서 어데서나, 이미지를 떨어뜨리지 않으려고 또 이미지를 높이기 위해 전력투구를 하고 있다. 그렇지만 하이 이미지만으로 장사가 되는 것은 아니다. 하이 이미지 상품만을 취급해서 장사가 되는 지역(상권)은 일본과 같은 고소득, 높은 교양, 하이 이미지를 지향하는 나라에서도 도쿄의 경우 2~3개소의 다운타운에 한정되고 있다.

다분히 오사카(大阪)역전이나 요코하마 역전에서도 불가능할 것이다. 장사라는 것은 역시 대중을 상대로 해야 되고 그들이 그때 그때 추구하고 있는 실용성과 기능성 있는 것을 위주로 공급하지 않으면 성립되지 않는 것이다.

리뉴얼은 결코 잘못된 것은 아니고 하이 이미지화도 시류에서 볼 때는 올바르다. 그럼에도 불구하고 많은 리뉴얼이 실패로 끝나는 것은 이제까지의 단골 고객을 잃게 되는 것과 같은 상품 정책을 취하는 것과, 하이 이미지라는 말에 현혹되어 실용성·기능성, 고객이 구매하기 쉬운 가격 등을 무시한 상품 정책을 취하기 때문이다.

다시 말해서 이제부터는 하이 이미지가 부가된 대중상법 시대이지 결코 하이 이미지 상품만의 시대가 아니다. 대중이 구매하기 쉬운 것, 구매하고 싶은 것을 중심으로 상품을 구매하는 것, 거기에 장사의 본질이 있다는 것을 절대로 잊어서는 안된다.

37. 장사의 원점으로 되돌아 가라

'매상이 좋지 않을 때에는 원점으로 되돌아 가라'는 것이 경영의 상식이다. 현재 크게 성장한 기업도 처음에는 작았을 것이다. 그것이 성장한 것은 무슨 까닭인가. 그것을 다시 한 번 생각하고 과거의 창업때를 상기하기 바란다. 되돌아 간다, 그것은 고급화·전문화·패션화 같은 것과는 달리 그렇게 쉬운 일이 아니다. 그렇지만 경쟁이 치열해지는 오늘날, 역시 중요한 일이기는 하다.

'소매업이란 고객이 가장 원하는 상품을 구입하고 최저의 마진으로 제공하는 것을 목적으로 하는 장사다'라고 나는 생각하고 있다. 영업체인 이상 이익은 필요하지만 결코 지나친 이익추구가 좋은 것은 아니다.

확대 재생산이 가능한 최저한의 이익으로 억제하는 것이 적정 이윤의 사고방식이다. 소매점 경영법의 원점은 이 목적에서부터 출발하지 않으면 안된다. 그것은 다음과 같이 말할 수 있다.

1. 똑같은 것이라면 가능한 한 싸게 팔 수 있는 체질을 만들자.

① 로 코스트 점포 조성 ② 현금 구매, 현금 판매

2. 고객이 가장 원하는 상품을 팔자.

① 고객에 가장 가까운 사람＝판매원이 구입을 한다. ② 구입선을 다변화 하고, 구입 자세를 유연하게 한다. ③ 고객이나 동업자를 충분히 조사해서 고객이 무엇을 원하는지 확인한다. ④ 장사를 천직으로 생각하고 고객을 위해 봉사하도록 힘쓴다. 자주 구입을 하고 반품 교환, 가정배달도 서슴치 않는다.

3. 새롭게 장사를 시작하는 마음가짐으로 임하자. 처음 장사를 시작하는 사람에게는 경험도, 자금도, 단골 고객, 단골 구입선도 없다.

① 구입처·동업자·고객을 모두 스승으로 생각하고 지도와 편달을 청한다. ② 동업자보다 2배, 3배의 노력을 투입한다. ③ 낭비는 될 수 있는한 하지 않는다. ④ 모양새만 좋은 것보다 고객이 기뻐하고 매상이 늘도록 힘쓴다. ⑤ 매일 감사하며, 고맙다고 생각한다. ⑥ 만일 실패하면 즉시 수정한다.

4. 비좁은 매장을 가장 효과적으로 사용하자.

① 파는 것은 점포나 실내장식이 아니고 상품이다. 가능한 한 매장에 상품을 들여 놓는다. ② 상품이 팔리지 않으면 곤란하므로 상품 하나 하나를 잘 음미해서 구입한다=아이템 농도, 상품 밀도가 높아진다.

4. 도산을 해서는 안된다. 남에게 폐를 끼치게 되고, 자신도 귀중한 재산을 잃게 된다.

① 가장 안정성이 보장된 자금융통 계획을 세운다. ② 인건비를 절약하기 위해 영세점을 경영하는 동안은 가능한 한 가족

중심 노동으로 버틴다. ③ 장사에 불필요한 경비는 가능한
한 지출하지 않는다. ④ 성공하고 있는 동업자 선배를 철저하
게 모방한다. ⑤ 여유가 생길 때까지 자신이 익숙하지 못한
것에는 이익이 있을 것으로 생각되어 관여하지 않는다.

이상에서 장사의 원점이란 어떤 것인가를 말했다. 경쟁이 치열
한 환경에서 끝까지 살아남고 발전하려면 시류에 맞는 경영개선
책을 취하든가 원점지향 이외에 다른 방책은 없는 것 같다.

38. 즉시 업적을 올리는 이상치법(異常値法)

오늘날 소매업은 바야흐로 소비의 저하로 고통 받고 있다.
그 가운데서도 기업적 경영을 하고 있는 소매업에 있어서, 매상
이나 이익이 감소한다는 것은 경영이 벽에 부딪치게 되는 첫걸음
으로 연결된다.

기업적 소매업 가운데 대부분은 재무적(財務的)인 체질이
더 많은 수입, 더 많은 이익을 전제로 짜여져 있기 때문이다.

이와 같은 경우, 그다지 경비를 지출하지 않고 할 수 있는 즉시
업적개선의 수법에 주목할 필요가 있다. 여기에서 말하는 '이상
치법(異常値法)'이 '압축부가법(壓縮附加法)'과 '고객의 특정화ㆍ
고정화법' '제일선 판매원의 구입참가법' 등과 함께 최근 수년동

안 특히 각광을 받게 된 것도 그것이 즉시 업적개선의 수단으로서 대단한 효과를 올리고 있기 때문이라고 말할 수 있다.

이상치법(異常値法)이란, 어느 기간에 특정의 단일 상품을 집중적으로 점포 안에 가득 쌓아두고 전년에 비해 매상을 급격하게 상승시키는 수법을 말하는 것이다. 이른바 '집중주의'의 응용인 셈인데, 이에 따라서 평상시의 매상고도 놀랄 정도 오르게 된다. 시험기간 동안 집중적으로 공부해서 성적이 급속도로 상승시킨 경험을 상기하면 쉽게 알 수 있을 것이다. 어떤 특정의 행사 같은 것을 잘 기획하고, 그 기간을 이용해서 특정 단일상품을 집중적으로 판매한다. 물론 그 단일상품을 파는 것만이 목적은 아니다. 그것을 하나의 특매품으로 해서 고객을 끌어들인 다음, 다른 상품에도 관심을 갖도록 유도하는 상품 진열의 사고방식이다. 이것이 중요한 점이다.

예를 들어 나고야에 있는 '스카이홈'이라는 점포에서는 가전제품의 매상을 일본 최고로 하려는 목표를 세우고 다음과 같은 매출운동을 전개했는데, 이와 같은 것이 '이상치법'의 한 예라고 말할 수 있을 것이다.

스카이홈에서는 우선 담당자가 각 가전제품 메이커를 순회하면서 "앞으로 1개월간 저희들의 점포를 귀사의 창고로 생각하기 바랍니다. 아무리 많은 상품을 가져 오셔도 좋습니다. 무료로 맡아 드리겠습니다."

이같이 호소해서 상품을 모아놓고, 비디오 등을 가득 쌓아두고 팔았다.

이 시도는 훌륭한 성공을 거두어, 그때까지의 가전제품 1일 매상 최고액인 350만엔을 웃도는 1,000만엔을 돌파했다고 한다.

이처럼 일정기간에 매상을 급격하게 올리는 방법이 이상치법인데 그러기 위해서는 담당부서 뿐만 아니라 전 사원의 협력이 필요하다는 것은 발할 것도 없다. 결국 중지를 모으는 전원(全員) 경영이 필요한 것이다.

그와 같은 의미에서 볼때, 이상치법을 택함으로써 사원간에 단결심이 생긴다고 하는 메리트도 나타나게 된다. 더구나 행사를 준비하고 계획적으로 진행시키는 습관이 익숙하게 된다.

또 행사를 주최하므로 언제나 화제를 조성하는 일에 노력을 해야만 하기 때문에 무슨 일에건 호기심을 갖는 훈련을 할 수 있고, 인간성도 좋아진다는 부수적인 메리트도 생기게 된다.

상품을 골고루 구비되는 경영, 즉 도매업이나 소매업 등에 적응되는 목표가 구비하는 판매법, 의욕적인 판매법——이것을 이상치법이라고 말할 수 있다.

39. 1상권, 1입지 시대의 도래

경쟁이 치열해짐에 따라서 고객들은 고객 위주를 지향하는 곳으로 집중하게 된다. 이것이 '경쟁의 원리'라는 것이다.

경쟁이 더욱 치열해지면 고객은 가장 고객 위주를 지향하는 곳으로만 집중되고 2등 이하의 곳으로는 발길을 돌리지 않게 된다. 그렇게 되면 당연히 2등 이하의 경영은 어렵게 된다. 확실히 1등와 2등의 차는 2등과 100등의 차이보다 커지게 되는 것인데, 오늘날 일본의 소매업계는 현실적으로 이와 같은 단계에 접어들었다고 해도 좋다.

그것은 특별히 상품과 상점만의 문제에 국한되는 것은 아니다. 경쟁원리의 영향은 상업입지에까지 영향을 주고, 고객이 모이는 입지는 1개의 상권에서 1개소만으로 압축되고 있다. 이른바 '1상권 1입지 시대'가 도래했다는 것이다.

재래의 중심 상점가에는 아직도 변함없이 계속 중심이 되고 있는 곳도 있지만, 중심의 위치를 새로운 상업입지에 빼앗기고만 곳도 있다.

예나 지금이나 계속 중심이 되고 있는 실예로서 예를 들면, 고후(甲府)에서 오카지마(岡島) 백화점이 있는 마루노우치(丸の內), 미도(水戸)에서는 이세진(伊勢甚) 백화점이 있는 이즈미마

찌(泉町) 정, 하마마쓰(浜松)에서는 마쓰히시(松菱)와 세이부
(西武)의 두 백화점이 있는 가지야마찌(鍛治町) 등, 여러가지
지역을 들 수가 있는데, 이러한 지역이 1등의 상업입지로 계속
남아 있는 것은 여기에 열거한 각 백화점이 가장 집객력(集客
力)이 뛰어난 1등의 점포로서 능력을 계속 발휘하고 있기 때문이
다.

이에 비해서 오래 전부터 중심지였던 곳이 지금은 중심지가
되지 못하고 있는 곳은 새로운 지역에 더욱 집객력 있는 대형
점포가 들어섰기 때문에 그곳으로 고객을 빼앗겨 황혼의 운명을
걷게 되고만 것이라고 말할 수 있다.

집객력(集客力)이 도매 상업 입지에 대해서도 말할 수 있다.
예를 들면 간사이(關西)의 도매상 입지로는 예로부터 오사카
시내의 후나바(船場) 일대가 중심이었고, 결코 기멘 (箕面)의
후나바 단지도 신오사카의 섬유시도 아니다. 그것은 오니시(大
西)의료라고 하는 일본 제일의 의료(衣料) 도매상이 오사카

시내의 후나바에 자리를 잡고 있기 때문이다.

　장사는 가능한 한 효율을 추구하는 것이고, 따라서 가능하면 좋은 입지에서 하는 것이 좋다. 좋은 입지란 앞서 말한바와 같이 1상권에서 1개소, 그것도 가장 고객이 많이 몰려드는 집객력이 있는, 매장이 가장 넓은 종합 대형점포가 있는 주변이라는 것이 확실해지고 있다. 그렇다면 자기 점포의 입지를 더욱 좋게 하기 위해서는 그곳에 상권내에서 1등의 점포를 유치하는 것이 가장 지름길이라고 말할 수 있을 것이다.

　또 이미 1등 입지가 정해진 상권에서는 가능한 한 그 근처로 이전하도록 힘써야 한다. 그러한 것이 아무래도 불가능한 경우에는 기존의 1등 입지와는 관계없는 장사를 고려하지 않으면 안될 것이다.

40. 중간계가 아닌 최종 도달계를 지향하라

　공업화 사회에서 정보화 사회로의 이행기(移行期)가 오늘날의 양상이다. 공업화 사회의 상징이었던 철강 등의 소비량이 계속 줄고 있기 때문만은 아니다. 공업화 사회적인 '물품'에 관한 한, 중간계(中間系)의 존재가 어렵게 되고 있다는 점에 그것이 잘 나타나고 있다. 이것은 사양기를 특징짓는 하나의 현상이라고 해도 좋다.

중간계라고 하는 것은 '중간치'로 생각하면 된다. 경쟁이 치열해지거나 생활 조건이 어렵게 되면 중간치는 소멸한다. 예를 들면 진공관과 트랜지스터의 중간치인 누비스타나, 버스와 전차의 중간치인 트롤리 버스 등은 처음부터 소멸되고 말 운명에 있었던 것이다.

이 중간계에 대해서 '최종도달계'라는 것이 있다. 보통 상태에서는 절대로 소멸하지 않는, 그 자체만으로 존속이 가능한 것이라고 바꾸어서 말해도 좋다. 장사를 예로 들면, 가장 손님을 끌어들이는 점포와 가장 고객에게 접근하는 방문판매와 같은 것은 최종도달계라고 말할 수 있을 것이다.

최종도달계의 것은 하나뿐이 아니라 양쪽 끝으로 생각되는 것을 함께 취급하고 그것을 믹스하는 것이 가장 좋다. 예를 들면 대형점포를 경영하면서도 방문판매를 하는 것처럼 믹스한다. 이것을 '양단(兩端)의 균형'이라고들 말하는데 전환기에 살아남기 위해서는 이같은 균형이 필요한 것이다.

오늘날 신장하고 있는 기업의 경영자를 보면 그 대부분이 '온정가(溫情家)'이면서도 '비정가(非情家)'이다. '용감'하면서 '겁장이'이다. '하이 이미지'가 있는데도 '대중'을 주요대상으로 삼고 있다. 결코 중간계나 중용(中庸)이 아니고 양 극단을 견지하면서 균형을 유지하고 있다.

이것은 하나의 원칙인데 장사에도 이것을 응용하면 좋다. 우선 앞으로는 더욱 고객에게 접근을 하던가, 더욱 고객을 끌어들이는 것에 적극 지향하지 않으면 안 된다.

현재 이상으로 또는 경쟁점 이상으로 고객에 접근하려면, '주문을 받는 것'과 '배달'이 가장 중요하다. 요는 채산을 맞추는

방법이 문제인데 최종도달계인 이상, 이것은 거시적으로 볼 때 우려할 것은 없다. 스토어리스(무점포) 판매의 시대가 도래할 것으로 생각되는 것은 이와 같은 배경때문이다.

또 점포에서 팔기만 하는 장사를 하는 것이라면 현재 이상으로 또는 경쟁 점포 이상으로 더욱 고객을 끌어들일 수 있는 점포를 만들지 않으면 안된다. 그러기 위해서는 '1등 점포, 포괄주의' 가 필요하게 된다.

그리고 베스트는 역시 '상품수주(商品受注), 배달판매'와 '1등점포, 포괄주의적인 점포판매'의 양쪽을 한 점포에서 해야 한다. 절대로 이 양자의 '중간계'라던가 '중용'을 선택하면 안된다.

41. 대상권(大商圈) 상법과 소상권(小商圈) 상법

앞에서 '물품'을 주로 다루는 장사로서는 이제부터 중간계가 있을 수 없다고 했다. 이것은 실은 상권의 문제에도 나타나기 시작하고 있다. 요컨대 경쟁이 치열해졌기 때문에 상권도 최종도달계인 '더욱 대상권화'와 '더욱 소상권화'의 두 방향으로 원칙대로 움직이기 시작한 것이라고 말해도 된다.

더구나 여기에는 1상권 1입지의 원칙이 겹치게 된다. 따라서 '더욱 대상권화'라고 하는 것을 일본 전체라고 하는 초대(超大) 상권으로 받아들이면, 거기에서 초대 상권상법이 성립하는 것과 같은 좋은 입지는 소매나 도매보다도 일본에서는 머지않아 한 입지 밖에 없게 된다는 것을 알 수 있게 된다.

왜 이와 같은 것을 언급하느냐 하면 이미 이 현상이 소매업 같은 데서는 뚜렷해졌기 때문이다. 구체적으로 말하면, 일본에서 소매업에 있어서 초대상권의 좋은 입지는 이제야말로 도쿄의 중심부인 긴자(銀座), 니혼바시(日本橋), 신주쿠(新宿) 시부야, 이케부쿠로(池袋)의 중심지로 급속하게 집약되기 시작하고 있다.

나의 짐작으로는 가까운 장래에 니혼바시(日本橋)는 이 지위를 포기하게 될 것 같고, 아오야마(青山)나 하라주쿠(原宿),

롯폰기(六本木) 등은 장래에도 초대상권 대상의 중심적인 좋은 입지가 총합적으로 될 수 없을 것이다. 왜냐하면 대형점포와 소형점포의 총합 집적이 그 결정적인 수단으로 생각되기 때문이다.

도매업도 당연히 초대(超大) 상권은 일본 전체가 되고, 중심적인 좋은 입지는 업종별로 단 1개소에만 집중하려고 한다. 예를 들면, 의류품 도매 입지의 중심지는 이제 오사카 시내의 후나바로 정해진 것처럼 생각된다. 여기에는 오니시(大西) 의류, 마루미쓰(丸光) 등, 초대형 도매상이 즐비하고, 소규모 도매상과의 총합화 상태로 보아서도 이밖에 이에 필적할 만한 곳이 앞으로는 나타날 것 같지 않기 때문이다.

한편, 일반 상권은 더욱 더 소상권화 되어 가는 경향이다. 백화점 상권은 현재로서 상권인구 50만명이 필요하다고 하는데, 머지

않아 10~20만명까지 축소될 것 같고, 양판점 입지에 대해서는
이미 1만명 단위가 되고 말았다.

상권이 작아지면 상품 구비는 당연히 총합화·대중화 하지
않으면 안된다. 점포 조성의 단계에서는 장래 최종상권의 크기와
경쟁을 고려해서 매장면적과 입지, 주차장 스페이스를 결정해야
만 하므로 선견성도 절대로 필요하게 된다. 어쨌든 점두판매
소매업에 있어서는 머지않아 소상권화도 벽에 부딪치게 될 것이
다.

그러한 것을 충분히 고려해서 개점 입지와 규모를 결정하기
바란다.

중상권(中商圈) 상법은 결국 스스로 목을 죄는 결과가 된다.
또 지방의 소도시에서 도쿄의 도심상법(都心商法)＝ 초대 상권
상법을 모방해도 앞으로 전혀 채산이 맞지 않는다. 어쨌든 소상
권 상법화(商法化)를 실행하지 않으면 안될 단계에 접어들고
있는 것이다.

42. 고객이 몰려들기 쉬운 입지 조건을 찾아라

예를 들어 고객이 소매업에 무엇을 요구하고 있는지는 고객이
어떤 점포에서 자주 구매를 하는지를 보면 알 수 있는 것이다.

대부분의 번창하는 점포를 분석해 보면, 여러 계층의 고객이 요구하는 조건의 룰화가 가능하게 되는데, 경영에 있어서 가장 중요한 입지선정을 할 때, 가장 필요한 것은 이 룰에 적합한 지역을 선택하는 일인 것이다.

그림은 고객이 몰려들기 쉬운 입지 조건을 정리한 것이다. 즉, 교통 요소, 대형점 요소, 레저 요소, 강제적(强制的) 요소 등의 혼합 정도가 고객을 유인하는 비율을 결정한다고 생각되는 것인데, 그러한 것은 대단히 복잡한 요인때문에 간단하게 룰화 할 수가 없다.

다만 여기에서 알아두어야 할 것은 다음의 3가지 점이다.

① 주차장이 없는 상점가는 장래성이 대단히 좋지 않다.

② 대형 점포가 없는 상점가는 전혀 매력이 없다.

③ 상품이 풀라인화 되어 있지 않은 상점가에는 고객의 발길이 멀어진다.

①에 관해서는 새삼스럽게 설명할 것까지 없는데, ②에 관해서는 대형 점포의 고객 유인력(誘引力)이 단위 면적당, 소형 점포보다 10배에 달한다고 하는 사실을 알아야 된다. 10배인 이유는 그림에 있는 교통 요소, 대형점 요소, 레저 요소를 거의 대부분의 대형점이 아울러 갖추고 있기 때문이다. 따라서 대형점이 없으면 각 소형점이 아무리 노력해도 쓸데없는 결과가 되고 말 것이다.

또 ③의 상품 풀라인화란, 고객이 원하고 있는 상품을 모두 모아놓고 있다는 뜻이다. 하나의 상점가, 상업집단 속에서 원하는 상품을 발견하지 못한다는 것은 고객으로 하여금 그 상점가나 상업집단을 인연이 먼 것으로 생각하게 하는 결과밖에 가져 오지 못한다.

대형점이 땅값이 높은 상점가에서 벗어나 넓은 주차장을 잡고 상품을 풀라인화 해 개장하면 고객이 몰려드는 현상을 보게 되는 것은 이것을 입증한다고 말할 수 있을 것이다.

이상을 정리하면 다음과 같이 된다.

① 스스로가 대형점이라면 여러가지 고객 유인 요소를 갖춰 투자 효율상 최고의 입지를 선택하면 된다.

② 그러나 소형점이라면, 모든 고객 유인 요소가 구비되어 있는 입지에 개점을 해야 할 것이다.

어쨌든 입지는 어디까지나 장래를 생각하고 모든 정보를 바탕으로 거시적인 면에서 결정해야 한다.

43. 나쁜 이미지를 주지 말자

지금 단계에서 양판점과 지방 백화점이 제휴나 합병을 할 경우 주도권을 잡는 것은 양판점 측인데 점포의 품격과 이미지는 백화점 쪽이 높다.

오늘날 고객의 대부분은 중산층에다가 고학력·고소득 그리고 상승 지향이 강한 국민성을 지니고 있다. 오늘날 점포의 품격과 이미지가 높은 점포가 아니면 이른바 대중상품도 팔리지 않게 되고 있는 것은 그때문이라고 해도 좋다. '하이 이미지의 대중상법'의 필요성도 여기에 있다.

이와 같은 관점에서 말한다면 백화점 쪽이 양판점보다는 시류에 적응하는 업종인데 그 백화점이 양판점의 산하로 들어가지 않을 수 없는 이유는 어디까지나 경영력의 문제이다.

그런데 본래 백화점이었던 점포를 양판점이 주도권을 잡으면서 경영하는 경우, 백화점의 이름과 마크까지 바꿔버리는 곳이 있는데 이것은 조금 도량이 지나치게 좁은 처사가 아닐까.

양판점의 확대 프로세스에 있어서 흡수·합병도 하나의 수단이 될 수는 있다. 하지만 그곳에는 여러가지로 조심해야 할 점이 있다는 것도 잊지말기 바란다.

그 가운데 하나는 제3자, 특히 상품 구입선과 고객에게 주는

이미지이다.

　구체적으로 말해보자. 점포명에 양판점의 이름을 사용하면, 백화점 상대의 도매상과, 전문점 상대의 도매상은 우선 상품을 파는 것을 주저할 것이다. 점포의 내용도 그 이름을 사용하는 것만으로 양판점 이미지로 바뀌게 된다. 또 거기에 따라서 고객이 점포에 대해서 갖는 이미지나 품격도 떨어지게 되는 것을 면할 수 없다.

　이와 같은 마이너스를 범하는 일이 얼마나 어리석은 일인가. 하물며 앞으로 가장 중요한 마케팅 노하우는 이미지 작전이라고 한다. 그런만큼 이와 같은 이미지를 떨어지게 하는 어리석음은 피하길 바란다.

　높은 이미지를 떨어뜨리는 것은 간단하다. 그리고 한 번 떨어진 이미지는 좀처럼 원상회복이 어렵다. 낮은 이미지를 높이는 일은 용이한 일이 아니다. 하지만 한 번 떨어진 이미지를 원상회복시키기 보다는 간단하다고 말할 수 있다. 예를 들면 10의 이미지를 5까지 떨어뜨렸을 때, 그것을 10으로 원상회복시키는데 30년이 걸린다고 한다면, 처음부터 5인 이미지를 10으로 끌어올리는 것은 아마 15년이면 가능할 것이다.

그 보다도 이미지 상승업에 가장 좋은 것은 한편으로 하이이미지화 하면서 고객을 고정화 하고 신자화(信者化) 해 나가는 것이다. 세이부(西武)유통그룹이 이 점에서는 참으로 능숙한 전략을 펼치고 있다. 전문점·백화점 그리고 양판점의 조화와 전개 방법. 이 이미지 작전의 모델이 세이부 유통그룹에 있다고 생각된다.

44. 백화점 매장 꾸미기와 머천다이징의 기본

지난 해에 가장 매스컴을 떠들썩하게 한 것은 긴자(銀座)백화점 선쟁이다. 백화점에 대한 것이 화제가 되는 시대이므로 백화점의 매장 꾸미기와 머천다이징에 대해서 약간 언급해 두자.

우선 백화점은 대상권상법을 택하지 않으면 안된다. 대상권(大商圈) 상법의 머천다이징은 한마디로 말해 경쟁점을 포용(흡수)하면 된다. 그 포인트를 몇가지 들면 다음과 같이 될 것이다.

　제1의 포인트는, 상권내 경쟁점에서 잘 팔리고 있는 상품은 그것이 양판점에서 팔리고 있는 것일지라도 취급을 해야 한다는 것이다.

　제2의 포인트는, 마니아(mania : 적극적) 상법, 사양(斜陽) 상품, 가격 폭이 큰 상품의 상한(上限)상품, 그레이드(등급) 폭이 큰 상품의 상한 상품 등을 취급해서 다른 점포와의 차별화로 고객을 끌어들이는 것이다.

　제3의 포인트는 행사의 주최나 식품의 강화 등 집객(集客) 요소를 확대시키는 것이다. 그리고 제4의 포인트는 고객의 고정화, 조직화에 따라서 고객이 원하는 상품을 지체없이 정확하게 공급하는 것이다. 그것은 가게 앞에 없는 상품에도 해당된다.

　이상이 대상권 상법의 원칙적인 포인트인데 그 밖에도 백화점에는 백화점으로서의 매장 꾸미기와 머천다이징이 있다. 다음에 그것을 열거해 보자.

　(1) 하이 이미지의 대중상법을 실행해야 한다=국민의 대부분이 중산층 의식을 지니며 모두가 엘리트를 지향하고 있는 나라에서 백화점은 지역 1위의 점포로서 하이 이미지를 갖지 않으면 안된다. 그와 동시에 소비자가 진정으로 원하는 상품, 이른바 대중상품을 취급할 필요가 있다.

　(2) 주력 상품이 점포내 경합·복합화가 필요=머천다이징의 단일화는 고객층을 압축시키는 것과 동시에 담당자로 하여금 그 분야의 1인자로 자처하게 한다. 따라서 어느 정도 이상 규모의 대형점 매장 꾸미기와 머천다이징의 기본은 고객이 몰려드는 빈도가 높은 상품과 주력상품을 점포 내에서 복합시켜서 경쟁시키는 것이다. 그것이 없는 대형점은 경쟁이 심할 때 고객을 부를

수 없게 된다.

(3) 식품으로 지역 1등 점포화＝지금은 도심 상점가의 고전시대이다. 도심의 백화점이건 지방의 백화점이건 전년에 비해 10단위 이상의 신장을 유지하려고 생각한다면 최대의 집객상품인 식품에서 압도적인 1등 점포화가 필요하다.

(4) 그밖의 포인트＝백화점은 일반적으로 의류 이외에는 그다지 힘을 기울이지 않는다. 최근 정보·서비스 등의 물질이 아닌 판매품을 비롯해서 비의류·비식품의 웨이트(비중)가 급상승하는 움직임이 나타나고 있다. 이제부터는 우수한 인재를 이 방면에 투입할 필요가 있을 것이다.

그리고 ‘품목별 매장’은 팔리는 매장, ‘코디네이트 매장’은 잘 팔리지 않는 매장이라는 원칙을 너무 무시하지 말 것. 또 레저 요소는 잘 도입하지 않으면 그것은 마이너스 효과가 될지언정 플러스로 작용하지 않는다는 것도 생각하지 않으면 안되는 것이다.

45. 주력과 준주력, 기타 상품을 결정하라

장사의 요령은 상품을 ① 주력(動) ② 준주력(準動) ③ 기타의
상품을 3가지로 크게 나누는 일부터 시작된다. 이것은 메이커이
건 도매상이건 소매상이건 마찬가지다.

① ② ③을 제각기 알기쉽게 설명하면 다음과 같다.

① 경합시장 가운데서 경쟁상대에 비해서 절대적으로 강한
것. 즉, 절대적으로 1등을 유지할 수 있는 것.

② 경합시장 가운데서 경쟁상대에 비해 절대적으로 강해질
가능성이 있는 것. 즉 1등이 될 수 있는 가능성이 있는 것.

③ 절대적으로 1등이 될 수 있는 가능성이 현재로서는 없지
만, 자기 회사의 주력, 준주력과의 관계로 보아 앞의 두 경우
와 함께 부수적으로 취급하면 그만큼 플러스가 될 수 있는
것.

물론 상품을 이상 3가지만으로 분류하는 것은 그다지 의미가
없다. 문제는 그 비율이다. 일반적으로 자기 회사가 취급하는
상품의 비율로서 주력을 1이라고 하면 준주력은 2~4, 그밖의
상품은 8~20 정도 취급하라는 것이 경험법칙으로 말할 수 있는

성공의 기본적 조건이라고 말할 수 있다. 다만, 이 경우의 포인트는 어디까지나 주력에 있다는 것을 잊지 말기 바란다.

경쟁사회에 있어서는 다양화·총합화야말로 발전을 약속하고 보증한다. 현상유지는 쇠퇴로 이어지지 않을 수 없다. 그렇다면 역시 주력품목을 어떻게든 늘려나가지 않으면 안될 것이다. 주력 예비군으로서의 준주력을 갖지 않으면 안될 이유도 거기에 있다. 현재의 주력만을 유지하는 것은 고객수를 줄이고 장사를 불안정하게 하는 것과 연결이 되고 말기 때문이다.

마찬가지로 그밖의 상품도 중요하다. 기타 상품도 많을수록 장사에서 거시적인 시야가 열리게 된다는 것은 설명할 필요조차 없다. 기타 상품의 수가 준주력을 늘리고 그것이 준주력의 주력화를 촉진하고 나아가서는 주력의 강화로 전체를 밀어 올리게 된다. 그것이 중요한 것이다.

능력에 걸맞게 1등이 되기 위해서 불가피하게 전문화 하는 것은 이해하지만 상품 품목을 한정시키는 것은 절대로 안된다고 내가 말하는 이유도 바로 이점에 있다.

그런데 '2개의 공격원칙'에서도 언급한 것처럼, 약자가 상대점의 결점을 침으로써 힘이 붙게 되는데 대해서 강자가 강자의 입장을 유지하고 그 주력을 소중하게 보존해 나가기 위해서는 경쟁사회에 있어서 언제나 경쟁자의 주력을 공격할 필요가 있다. 그 점을 다시 한번 여기에서도 생각하기 바란다.

46. 규모와 취급 상품의 결정 방법

규모와 취급 상품은 입지와 함께 기업에 있어서 가장 중요한 요소이다. 여기에서는 그 이상적인 결정 방법을 말해 보자.

결론부터 말해서 그것은 경쟁자 조사에 따르는 것이 최선의 방법이다. 소매점을 예로 들면 상품 품목마다 경쟁자의 매장 면적을 조사하고 그 가장 큰 점포의 매장에 그림으로 표시한 경쟁지수(競爭指數)를 걸고 취급 상품마다 매장 면적을 결정해 나가는 것이다.

예를 들면 부인 패션 의류점을 개장하고 싶을 때는 경쟁하는

각 점포의 부인 패션 의류매장을 우선 조사하고 가장 큰 점포가 150평방미터의 매장이라면 이 150에 경합지수인 1.3을 곱해서 195평방미터의 매장 면적을 갖도록 하면 된다.

이와 같이 해서 연관이 있는 모든 상품을 조사하고 이상적인 전체의 매장 면적을 산출하고 자기 점포의 경영 능력을 아울러 생각해서 최종 결정을 하게 되는 것이다.

이 최종 결정으로 들어가기 전에 다음의 두 가지 점을 주의해야 한다.

① 경쟁 점포 가운데 톱인 점포가 이미 독과점상태(상권내 점거율 42% 이상)로 접어들고 있는 상품은 초경쟁(超競爭) 상태를 나타내고 있을 뿐이므로 원칙적으로는 피해야 한다.

② 모든 상품마다 이상적인 매장을 획득하는 것은 불가능하므로 그때는 상품을 주력, 준주력, 기타의 상품, 3가지로 나누어야 한다.

이상의 두가지인데 ②의 경우, 주력 상품은 이상적인 매장 면적을 차지해야 하고, 준주력 상품도 경쟁상대와 그다지 손색이 없는 매장 면적을 확보해야 할 것이다. 기타의 상품에 관해서만은 물론 좁은 매장이라도 상관 없다.

다만 여기에서 문제가 되는 것은 가능한 한 기타의 상품을 많이 취급하는 점포 조성을 고려할 것. 결코 기타의 상품을 커트하는 것과 같은 일을 해서는 안된다는 것이다. 이유는 한개의 주력상품만을 취급하고 준주력도 기타의 상품도 전혀 가지고 있지 못한 점포는 경영 채산상 견딜 수 없는 점포가 되고 말기 때문이다.

주력, 준주력, 기타의 상품을 결정하는 방법에 대해서는 알기 쉽게 그림으로 표시해 두었으므로 이 그림의 사고방식에 따르기 바란다. 자기 점포가 강자인가 약자인가에 따라서 전혀 다른 결정 방법을 택해야만 된다는 점에도 주의를 기울여 주기 바란다.

47. 평당 매상고를 올리는 방법

좀더 소매점 경영의 이야기를 계속하고 싶다. 일반적으로 상품의 재고가 많으면 상품 회전율이 나쁘기 때문에 손해가 많을 것으로 생각하기 쉽다. 또 경영 관계 서적에서도 상품회전율과 매출이익을 곱(×)한 것, 이른바 교차비율(交叉比率)이 이익과 연결된다고 쓰여져 있는 것이 많다. 그것도 하나의 이유는 될 수 있다. 그러면 사실상 장사에서는 어떠한가.

예를 들어 보통 판매원이라면 평당으로 계산하여, 점두(店頭)에서 판매하는 재고(在庫)의 상품 값이 100엔일 때, 연간 4회(回) 정도는 시킬 수 있는 능력이 있다. 그러나 20만엔의 재고 상품이라면 10회전이 고작이고, 1만엔의 재고라면 아무리 머리가 좋고 수완이 좋은 점원이라도 50회 정도 밖에 회전시키지 못할 것이다.

결국, 평당 100만엔의 재고 상품이라면 평당 연간 매상고 4

00만엔, 똑같이 20만엔이라면 연간 매상고 200만엔, 마찬가지로 1만엔이라면 연간매상고 50만엔이 되는 것이다. 이것을 생각하면 자금융통만 잘 되고 로스율을 낮게 억제할 수 있는 테크닉을 개발할 수 있다면 점두에 재고를 많이 갖는 것은 결코 잘못된 방법은 아니다.

──이상은 지금으로부터 20년 가까이 전에 내가 어느 총합의류 소매점의 사장으로부터 배운 것이다. 그 뒤 수차에 걸쳐 소매점에서의 재고와 매상고에 대해 실험해 왔는데 그 결과 어느 레벨까지는 점두의 재고가 많으면 많을수록 매상고도 늘어난다는 것을 발견하고 그 사장의 주장이 옳다는 것을 알게 되었다.

현찰 판매인 소매업에서는 무리한 투자나 부채가 없는 한 자금융통은 그다지 어렵지 않고, 로스율도 구입과 판매의 일체화

(一體化), 종업원수의 증가 등을 대부분 억제할 수도 있다.

그리고 전국의 가장 번창하는 점포들은 대부분 보통 점포에 비해서 평균 3～4배나 되는 평당 재고상품을 가지고 있다는 것도 사실인 것이다. 그러므로 당연한 일이지만 그러한 점포들은 수익률이 높다.

실제로 어떤 소매점이건 가능하면 매장을 확장하고 싶을 것이다. 점두 재고 상품을 늘리고 싶다는 생각도 여기에 있을 것으로 생각된다.

결국 재고를 늘리는 것에 반대할 이유는 기본적으로 아무것도 없는 것이다.

나는 평방미터의 시대에서 입방미터의 시대가 되었다고 말하고 있다. 대규모 소매점포법 등으로 매장 면적을 규제하고는 있지만 부피라던가 재고 수량의 규제는 없다. 통로의 폭을 좁히고 입체적인 진열을 함으로써 재고품을 늘리고 매장면적의 효과적 활용법을 고려하는 것은 정확한 대책이라고 할 수 있다.

48. 여성고객은 밀도가 높은 상점을 선호한다

소매점의 고객은 그 70％이상이 여성이다. 또 남성 고객들도 그 대부분이 청소년이나 뉴패밀리층인데 그들은 비교적 여성적인 특성을 지니고 있다. 요컨대 소매점에서 물건을 사는 사람들은 대부분 여성 내지 여성화 된 남성들이라고 해도 좋다. 이것은 메이커나 도매업이 주로 남성을 대상으로 하는 장사인 것에 비하면 대단한 차이다.

똑같은 인간이라도 여성과 남성은 육체적으로나 심리적으로 커다란 차이가 있다. 그 심리적인 차이를 간단히 말하면, 여성은 남성에 비해서 미크로적이고 정서적·감정적이다.

화려함과 아름다움에 흥미가 없는 여성은 우선 없으며, 몇배 남의 일에 관심이 많은 편이다.

숫자와 통계를 싫어하고 이유보다는 필링(감정)을 좋아 한다. 따라서 그녀들을 주요 고객으로 삼고 있는 소매업에서 경제성과 합리성만을 추구하게 되면 커다란 장애에 부딪히지 않을 수 없다.

대량판매를 내걸고 무엇보다도 낭비를 싫어하는 양판점이 점포 내에 '물건 판매'와는 본질적으로 상관없는 것 같은 분수대를 만들어 보거나 꽃을 장식해 보거나 하지 않을 수 없는 것은 오로지 대상고객의 대부분이 여성이기 때문이라고 말하지 않을 수 없다.

여성의 이 같은 특성을 쇼핑의 경우에서 보면, ① 여성은 다양한 것을 좋아하고, ② 여성은 충동구매를 좋아하며, ③ 쇼핑을 취미화(趣味化)하고 있고, 그런만큼 여성을 고정객으로 만드는 것은 남성을 고정화 하는 것보다 어렵다——는 등의 점을 들 수가 있다.

이러한 것이 소매점에서는 고객의 눈에 잘 띄거나, 친숙한 어떤 장소의 주변에 가능한 한 많은 상품을 쌓아두는 것이 좋다는 것, 즉 상품밀도가 얼마나 중요한 것인가를 여실히 보여주는

근거가 되고 있다.

나는 오사카(大阪) 출신이다. 오사카인이라고 하는 것은 일본인 중에서도 가장 실증적인 인간이며 자신의 눈으로 보고 실험하고 이해되는 것 이외에는 부정은 하지 않지만 믿지 않는다. 경영 컨설턴트에 대해서도 마찬가지이다. 오사카에서는 경영 컨설턴트로서 소매점을 방문할 때, 바로 매상고를 올릴 수 있는 테크닉을 모르면 아무런 쓸모가 없다. 이론뿐이고 실적이 뒤따르지 않으면 방해자 취급을 당하고 만다.

그래서 오사카에서 컨설턴트 사업을 시작한 나는 제일 먼저 매상고를 급속도로 상승시키는 테크닉을 마스터한 것이다.

그 방법이란, 예를 들어 60평방미터의 매장을 가진 점포에 갔을 경우, 상품 재고를 그대로 40평방미터의 매장에 가득히 쌓는 것이다. 즉, 20평방미터의 빈터를 만든다. 그렇게 하면 매장 면적이 3분의 2가 되는 데도 매상고는 틀림없이 1.5배 정도 올라가고 단위면적당 매상은 2배 이상이 된다. 왜냐하면, 여성 내지 여성적인 남성들이 소매점 구매고객의 대부분을 차지하고 있기 때문인 것이다.

49. 아이템 농도를 높여라

나는 재고 수량 가운데서, 고객이 보고 이것은 다르다고 판단할 수 있는 품목 수를 '아이템 수', 또 재고 수량 가운데 차지하는 아이템 수의 비율을 '아이템 농도'라고 부르고 있다. 가령 재고 수량이 100이고 아이템 수가 60이라면 아이템 농도는 60%가 된다는 것이다. 이것을 식으로 표시하면 다음과 같이 된다.

$$아이템\ 농도 = \frac{아이템\ 수}{재고\ 수량} \times 100(\%)$$

소매업은 고객 위주를 지향하는 장사이다. 그러므로 고객이 요구하고 있는 것은 다종다양한 상품 품목이라는 것이 명백하고, 아이템 수가 적다는 것은 소매점에 있어서 치명적인 결함이 되지 않을 수 없다.

아무리 상품밀도가 높아도 똑같은 상품만으로는 말이 되지 않는다. 점포를 확장한 경우에도 품목 수를 늘리지 않으면 그것은 단위 면적당의 매상고를 저하시키고 쓸데없이 로스율을 저하시킬 뿐이다.

앞에서도 말한 것처럼 동일 품목수에 동일 상품량이라면 매장이 좁은 쪽이 오히려 매상고는 증가하는 것이다. 결국 매상고란

상품 밀도가 높고 아이템 농도가 짙을수록 향상된다.

예를 들면 똑같은 지역에서 똑같이 A점포와 B점포가 있는 경우, A점포에 비해 B점포의 점두 재고수가 3배, 상품 품목이 5배라면 아마도 B점포의 매상은 A점포의 3배 이상에 달할 것이다.

다만, 점포 전체의 아이템 수를 생각하는 경우, 경쟁대책상의 여러가지 문제가 상품 구성상 나타나게 된다는 것도 잊지 말기 바란다. 예를 들면, 주력상품, 준주력상품, 기타의 상품으로 분리하는 구성이 중요하게 되고, 그 경우는 강자와 약자의 전략적인 구분 등도 필요하게 된다.

또 올바른 상품 구성법은, ① 우선 동업자가 정해 주고, ② 이어서 고객이 결정하며, ③ 마지막으로 자신이 결정하는 것이라는 것도 강조해 두고 싶다. 이 순서에 따르지 않으면 업적의 향상은 커녕 현상유지도 어렵다.

이와 같이 여러가지 조건을 가미하면서 그 바탕 위에서 재고를 늘려나가는 것이다.

결국 소매점은 능력이 없으면 재고를 늘려갈 수 없다. 재고가 많은 점포는 힘이 있는 점포인 것이다. 따라서 나는 소매점의 점포상품을 보기만 해도 매상고나 매출이익도, 이익과 손실까지도 거의 오차 없이 알 수 있다. 이것은 상품 재고의 다과(多寡)와 그 내용을 통해 대부분 알 수 있다고 해도 지나친 말은 아니다.

많은 재고량에 도전하기 바란다. 현재의 점포에서 2배의 재고량을 확보하고 아이템 수도 4배로 증가할 수 있으며, 그리고 그것이 고객의 요구에 부응하면 반드시 이익은 2배 이상이 된다고 단언할 수 있는 것이다.

50. 최고의 안전주의를 지향하라

경영이라는 것은 재미있는 게임이다. 동시에 그것은 실패가 허용되지 않는 게임이기도 한 것이다.

이미 말한바와 같이 산업계를 둘어싼 경영환경은 더욱 더 악화되고 있다. 이와 같은 때, 경영에 있어서 무엇이 가장 중요한가.

(1) 그것은 역시 무엇보다도 안정과 안전(安全)일 것이다. 확대라던가 발전은 그것을 확보한 다음 생각해도 결코 늦지 않

다.

(2) 진짜 프로가 요구되고 있다. 반 프로가 회사나 점포를 망치는 시대라고 바꾸어서 말할 수도 있다. 진짜가 아니라면 이와 같은 시대를 극복할 수 없다.

(3) 그런 의미에서는 사람이 가장 중요하다. 감히 순위를 매긴 다면 다음이 자금, 그리고 정보, 시간, 상품이 된다. 모두가 중요하지만, 사람이 모든 일의 근본이라는 것을 잊어서는 안된다. 사람은 자신감을 가졌을 때, 가장 훌륭한 활동전개를 할 수 있다. 따라서 사람에게는 자신감을 갖게 하지 않으면 안된다.

(4) 안전·안정·자신감을 가지려면 옛것에서 새로운 것을 찾아내, 거기에서 배우는 것이 기본적인 원칙이다.

후나이식 경영법, 경쟁법은 이와 같은 안전주의를 토대로 하고 있다. 결코 무리하지 않는다. 예를 들면, 이기느냐 지느냐의 승부를 알 수 없는 경쟁에 뛰어든다는 것은 심히 불안정하고, 그것은 경영자로서 올바른 자세가 아니라고도 생각하고 있다. 이 책에서도 이제까지 다음과 같은 것을 강조해 왔다.

① 능력에 걸맞게 1등이 되자. 능력과 상응(相應)하지 않는 확장 경영은 삼가해야 한다.

② 경쟁이란 끊임없이 보완하고 첨가함으로써 이길 수 있다. 이제까지 취급해 온 상품과 서비스를 무리하게 커트하는 일, 이른바 압축이나 전문화는 경쟁수법으로서 바람직하지 못하다. 이제까지의 상품이나 서비스는 가능한 한 존속시키자. 그리고 새로운 것을 보충하자.

③ 보수적인 것 70%, 혁신적인 발상 30%의 원칙은 지키자. 100% 새로운 것은 위험이 많고 성공률도 적다.

④ 상대방의 결점을 노리기 보다는 정공법으로, 그 시장에서 가장 많이 팔리는 것을 중점적으로 취급한다.

⑤ 상품을 갖추는 최선의 방법은 포괄주의이다. 경쟁자가 구비하고 있는 상품은 모두 취급하고 더 나아가 경쟁자에게 없는 상품도 취급하자.

이런 것 등인데, 어느 것을 보아도 경영자로서 안전하기 위해서는 어떤 수법을 택해야 할 것인가를 그 판단함에 있어서 얼마나 앞서고 있는지를 알 수 있을 것이다.

보통, 최고의 의사결정법은 기대이익(期待利益) 최대주의(最大主義)라고 한다. 그런데 앞으로는 가장 안전한 주의가 아니면 안된다고 생각한다. 이익을 기대하는 나머지, 엉뚱한 일에 몰두해서는 안된다.

제 3 장

인간성시대의 인사 및 조직전략

51. 인간에 의해 기업은 변한다

경영과 장사의 근본은 결국 인간에게 달려 있다.

먼저 기업이 있고, 다음에 직장이 있으며, 그것을 효과적으로 수행하기 위해 사람을 채용한다는 사고방식은, 회사가 인간에게 있어서 단순히 생존하기 위한 직장이었던 낡은 시대의 유산이고, 거시적인 시야에서 보면 확실히 주객이 전도된 생각이라고 하지 않을 수 없다.

사람이 존재하고, 그 사람에게 적합한 직장이 있으며, 그 사람이 근무를 통해서 자기실현을 구체화 한다. 그것을 효과적으로 능숙하게 운영해 나가기 위해 조직체가 생겼다고 하는 것이 올바른 사고방식일 것이다. 기업체나 조직체는 역시 인간을 위한 존재가 되지 않으면 안된다.

새로운 조직의 사고방식은 우선 조직의 성원인 인간들에게 있어서 최선의 일이란 무엇인가를 생각하는 것부터 시작된다. 그것은 과거에 구애받을 필요가 없다. 현재의 성원에게 최선의 일감을 제공하면서 그 일을 어떻게 수행할 것인가 하는 목적을 위해 조직을 만들고 그 운영법을 생각하면 된다.

따라서 조직은 고정된 것으로서가 아니라 그 포용된 성원의 질과 양의 발전 상황에 따라 어쩔 수 없이 변화하는 것으로 받아

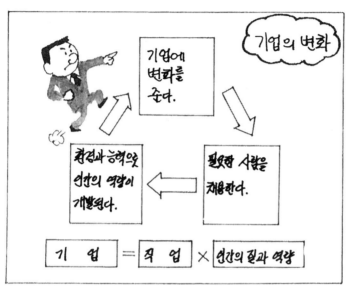

들여야 할 것이다.

　예를 들면, 어느 회사가 매년 신입사원을 몇명인가 채용했다고 하자. 이 경우, 기업은 현존하는 사업의 계속과 자기 회사의 장래 가능성을 위해 현실적으로 가장 적합한 사람을 채용하는 것이 보통이다. 그런 경우는 확실히 회사가 우선이고 종업원은 기업의 필요에 따라서 채용된다고 해도 좋다. 그런데 채용이 되어 사원이 된 이상 이번에는 그 사원의 질과 능력의 발전에 따라서 기업이 움직이게 된다.

　결국 기업은 기존의 사원과, 사원의 질과 역량에 따라 현재의 업종을 유지하고 있는 것인데 그곳에 새로운 사원이 입사함으로써 기업에 변화가 가해지고 새로운 방향으로 발전해 간다.

　또 기업은 성원때문에 존재하는 것이므로 성원이 바뀌면 기업의 내용, 일과 조직이 바뀌는 것은 당연하다. 기업은 성원을 위해서 시류에 따라 변화해 나가지 않으면 안된다. 급격한 세태변화의 시대에서 현재 시점에 머무는 것은 멸망을 의미한다. 다만 이 변화는 성원의 능력과 상응(相應)해야 할 것이다.

이와 같이 해서 기업은 계속 발전한다. 시대와 사람이 바뀌고 조직체의 내부에 변화가 일어나는 것인데, 이것을 보다 좋은 방향으로 발전시켜 나가기 위해서는 종업원의 능력을 끊임없이 개발시켜 나가지 않으면 안된다. 이 능력의 개발이야말로 인사조직전략의 근본이념이라고 해도 좋을 것이다.

52. 종업원이 힘을 발휘하는 시스템을 만들자
―능력을 발휘할 수 있는 시스템과 직장을 만들 것―

경영이념이란 경영자의 인생관·사회관·기업관이 일체화된 것이고 그 사명감으로 뒷받침된 것이다. 그러나 모처럼의 경영이념도 시류의 테두리를 벗어나면 아무 쓸모가 없다.

현재의 시류에서 볼 때, 인사전략면에서 아무래도 빼놓을 수 없는 이념은 '인간성 존중의 사상'이다. 특히 소매업에서는 다른 산업이나 업종보다도 인간성을 존중한 인사전략을 취하지 않으면 안된다. 또 그것이 바로 업적에 영향을 주기 때문이다.

이제까지 많은 소매업 사람들과 접촉해 왔다. 사업의 성격상 그 대부분은 백화점이나 양판점과 같은 대형 소매업들이었는데

거기에서 나는 그날로 매상과 이익이 급증하는 많은 사례들을 보아왔다. 이와같이 급속도로 좋은 성적을 올리게 되는 원인의 대부분은 인사·조직전략이라기 보다도 인간성 존중을 첫째로 삼는 경영이념의 변경과 종업원의 의식개혁에 있었던 것으로 생각되는 것이다.

그러면 인간성 존중의 경영이란 무엇인가?

인간도 동물이다. 동물인 이상 경쟁의 숙명에서 벗어날 수는 없다. 인간에게는 이성(理性)이 있는 만큼 경쟁을 완화할 수는 있지만, 경쟁 그 자체를 전혀 부정하는 것은 불가능하다. 경쟁을 좋아하고 싫어하는 것은 별문제라고 하더라도 이 숙명 속에서는 경쟁을 해도 지지 않는 인간이 되지 못하면 상식적으로 보아서 뜻있는 생애를 보낼 수는 없을 것이다.

경쟁의 결과를 냉정하게 규격화 하면 능력이 있는 자가 없는 자를 이기는 것은 정해져 있다. 인간과 인간과의 관계도 능력에 의해 최종적으로 결정된다. 그렇다면 사람의 인생은 능력을 기르는 것에 대한 도전이고, 힘을 기르는 것이 하나의 목표가 되지 않으면 안된다.

인간은 일부의 체념한 사람을 제외하면 누구나 능력을 기르려고 노력할 것이다. 이것은 많은 심리학자들도 증명하고 있는 것이다. 이와 같이 생각하면 인간성 존중의 경영이란 사람이 능력을 가장 많이 기를 수 있는 기회를 일 가운데서 제공한다는 것이 확실해진다.

능력을 기르기 위해서는, ① 창안 ② 결단 ③ 책임의 3가지 점을 자신에게 끊임없이 부과시킬 것. 그리고 이 3가지를 자신에게 부과하기 위해서는 독립·자유·참여가 기본조건이 된다는 것, 이것이 이제는 완전히 밝혀지고 있다.

따라서 다음과 같이 단언할 수 있을 것이다.

독립·자유·참여의 3가지 조건을 충족시키면서 창안·결단·책임의 3가지를 끊임없이 자신에게 부과할 수 있는 기회와 시스템——즉 업무를 통해서 종업원의 역량을 최고로 조장시킬 수 있는 기회와 시스템을 제공하는 것이 시류에 적절한 경영이념에 바탕을 둔 인간성 존중의 인사전략이라고 말할 수 있을 것이다.

53. 중지결집에 의한 전원이 참여하는 경영을

시대는 크게 변했다. 상품과잉이 정착되고 문화와 정보, 고도 기술이 중심이 되는 세상으로 변했다. 경영체에 있어서나 장사에 있어서도 일찍이 경험한 일이 없는 대변혁의 시대이고 그만큼 어려운 시대이기도 한데, 이와 같은 때야말로 필요한 것은 변화 대응에 있어서 천재성을 발휘하는 인간 능력의 완벽한 활용일 것이다.

오늘날 업적을 신장시키고 있는 기업체들은 전사원이 제안을 하고, 더구나 그 발전적 제안의 거의 전부가 채용되는 기구를 유지하고 있다는 특징을 지니고 있다. 이른바 전원 참가, 중지결집(衆智結集)에 의한 전원(全員)경영이다.

인간은 자신이 계획이라던가 제안에 참여했을 때, 참여하지 않았던 때보다 몇배의 실천 능력을 나타내는 것이다. 물론 이 경우 종업원의 제안은 대체로 채택이 될 필요가 있다. 하지만 제안은 그것이 모든 면에서 볼 때 안심할 수 있고, 기업체에게도 플러스가 되는 것이 아니면 채택하기 어렵다. 제안한 것이 채택되지 않는 케이스가 많으면 결과적으로 보아 중지결집과 전원경영에 있어서 커다란 마이너스가 되고 만다.

제안은 많이 내도록 하지 않으면 안된다. 더구나 전부가 플러스가 되는 것, 채택될 수 있는 것이어야만 한다면 그것은 대단히 어려운 일이다.

이 어려운 문제를 해결한 것이 '후나이식 전원경영법'이라고 하는 것인데, 간단히 말해서 그것은 ① 인간이란? ② 사업이란? ③ 경영체란 무엇인가? 이같은 주제 등에 대해서 종업원을 교육하는 일부터 시작되는 것이라고 해도 좋다. 그 결과로 플러스 발상이나 천직이라는 발상이 가능하고 사회에 대한 봉사적 마음과 원가의식이 자리잡게 되면, 다음으로 세상의 커다란 흐름이나 성공사례, 힌트 등을 배우게 된다. 이것으로 전 종업원들에게

거시적인 발상과 자신감을 주게 되는 것이 가능해진다.

그같은 바탕 위에서 그들에게 자신들의 경험에 비추어서 제안을 하게 한다. 그렇게 되면 누구나 기쁘게 제안을 할 것이고, 그것도 100% 채택할 수 있는 것이 된다. 이렇게 해서 중지가 결집되고 전원경영이 확립되어 간다.

장사도 경영도 어차피 인간이 운영하는 것이다. 인간이 운영하는 이상, 인간성을 존중하는 것은 무엇보다도 중요하다. 각자가 독립하면서 조직속에 참여한다고 하는 이른바 독립과 참여의 의식이 충족될 때에 인간성은 향상된다.

"사람은 자기가 속하는 집단의 규범에 맞추어서 태도를 결정하고 그리고 행동을 한다. 그러나 그 원동력은 자유로운 자기의 존재의식이다."

이것이 독립과 참여의 원리인데, 이것을 가장 효과적인 형태로 꽃피우게 하는 것이 중지결집에 의한 전원경영법인 것이다.

54. $1 : 1.6 : 1.6^2$의 원리

인간은 때때로 불가사의한 에너지를 발휘하는 수가 있다. '의욕'이 있고 필사적으로 덤비게 되면 남이 상상조차 할 수 없는 일도 거뜬히 해치우고 만다. 경쟁격화 시대의 기업 경영에서 절대로 필요한 것은 종업원에 의한 이와 같은 '의욕'일 것이다.

그러면 어떻게 하면 종업원들에게서 이같은 의욕이 나타나게 되는 것일까.

현재가 인간성의 시대라는 것은 이미 말한 바와 같다. 요컨대 인간성을 소중하게 했을 때, 종업원은 의욕을 불태우게 되고 기업도 이익을 올릴 수가 있는 것인데 그 결정적인 수단이 되는 것은, ① 독립과 참여 ② 경쟁과 협조 ③ 취미와 직업의 일치 ④ 삶의 보람이 있는 생활 등이라고 말할 수 있을 것이다. 이러한 것은 모두 순수하게 심리적인 요소를 지니고 있다. 따라서 경쟁 시장에 있어서는 경쟁상대와 비교해서 이러한 심리적인 요소를 조금이라도 많이 몸에 익히고 스스로 해야겠다는 의욕을 불러 일으키는 체질을 획득한 쪽이 일반적으로 승리하게 된다.

그러면 이러한 심리적인 요소를 더욱 많이 갖게 하고 하겠다는 의욕을 불러 일으키게 했을 경우, 사업상 어느 정도 효과가 나타나는 것일까. $1 : 1.6 : 1.6^2$의 원칙이란, 그 효과를 규격화 해서

타인의 강요에 의해 싫지만 할 때의 효율	=1
타인의 명령이지만 납득되어 할 때의 효율	=1.6
자기가 계획에 참여하고 의욕으로 할 때의 효율	=1.6^2

숫자로 나타낸 것이다.

확실히 인간은 싫은 일이라도 강요당하면 하게 되는 일면을 지니고 있다. 지금 가령 그때의 업무 효율을 1로 표현했다고 하자. 그런데 업무가 강요당하는 것이 아니고 스스로 납득이 되어 했다고 하면 경험법칙인데, 그 때의 효율은 1.6정도가 된다.

더 나아가 만일 그 업무 계획에 스스로 참여하고 납득을 해서 한 경우에는 어떻게 될까. 강요당했을 때에 비해서 1.6^2정도의 효율이 올라간다고 한다. 이것을 '1 : 1.6 : 1.6^2의 원칙'이라고 하는 것인데, 최근에 이 차이는 1 : 3 : 10정도로 되어 있다고도 한다.

인간의 심리적인 요소는 소득과 교양의 수준에 따라 더욱 개인 중심이 되어 가고 있다. 따라서 앞으로는 직업이건 무엇이건 그러한 것은 모두 개인중심으로 발전될 것이 틀림없다.

또 이와 같은 개인의 자의식(自意識)을 플러스로 작용하게 하느냐, 마이너스로 작용하게 하느냐 하는 것은 그 개인이 제3

자에게서 얼마나 인정을 받고 받아들여지고 있느냐 하는 인식에 따라서 결정된다. 즉, 제3자의 평가를 그 개인이 어떻게 인식하고 수용하느냐—— 여기에 경쟁학상(競爭學上)의 하나의 포인트가 있다고 말할 수 있을 것이다.

인간은 자신이 비인간화 되었을 때, 가장 자의식(自意識)에 상처를 입게 된다. 반대로, 심리적으로 만족했을 때 사람은 에너지를 발휘한다. 이 점을 잘 살린 기업이 앞으로의 경쟁에서는 반드시 승리할 것이다. '1 : 1.6 : 1.6^{2}의 원리'를 그 판단기준의 하나로서 활용하기 바란다.

55. 판매원의 구매 참가는 절대 필요

'의욕'의 문제를 소매업의 현장과 관련시켜 좀 더 생각해 보자.

몇번이나 되풀이 하는 것이지만, 경쟁격화＝공급과잉시대에서 마케팅의 기본은 고객위주 지향이다. 요컨대 고객에게 어떻게 접근하느냐 하는 것이다. 소비재의 경우는 특히 이 경향이 더욱 강하다.

고객이 원하는 것은 고객이 가장 잘 알고 있다. 그 다음은 고객과 가까운 판매원이 가장 잘 알고 있다. 점포 안에서 팔리는 상품

156

에 대해 가장 잘 알고 있는 것이 상식적으로는 판매원일 것이
다. 그런데 대부분의 점포에서는 메이커나 도매상에서 물품을
구매하는 담당자가 판매원보다도 무엇이 팔리는가를 알고 있는
것으로 되어 있고 또는 판매도 구매도 하지 않는 점포 주인쪽이
판매원보다 무엇이 팔리는가를 잘 알고 있는 것으로 되어 있다.

이것이 역설적인 것이 아니고 만일 사실 그대로라면, 그 원인
은 신입사원이나 능력 없는 사람들을 판매원으로 활용하고 있는
그 시스템의 헛점에 있을 것이다.

고참 점원이 되고 능력이 붙게 되면 판매과에서 구매과로 이동
시키므로 물건구매와 판매는 완전히 분리되고 만다. 이처럼 바보
같은 시스템을 택하게 되면 판매원이 다른 부서 사람들보다 고객
에 대한 일과 팔리는 상품에 대해서 모른다고 하는 우스꽝스러운
현상이 생기는 것은 이상한 일이 아니다.

도대체가 판매와 구매를 분리시키는 것 부터가 잘못이다. 오히
려 경쟁이 치열해지면 치열해질수록 고객과 가장 가까운 사람이
상품 구매를 하고 그 사람이 파는 것이 소매업 경영의 요령인
것이다. 그리고 그것은 당연히 종업원의 의욕과 연결된다.

"당신에게 이 매장을 맡기겠소. 구매도 판매도 모두 책임을
지고 해주기 바라오. 모르는 점은 선배나 구매거래처 또는 고객
에게 묻고 분발해 주기 바라오, 다만 경영이라는 것은 적정한
이윤이 필요하오, 이익이라는 것은 이처럼 생각해서 얻어지는
것이오."
라고 원가 의식과 적정 이윤의 사고방식을 가르친 다음 일임하고
1년 정도 지나면 그 사람은 판매원으로서도 구매 담당자로서도
상당한 베테랑이 된다. 이와 같은 사고방식으로 시스템을 만들면
판매원이 점포 내의 그 누구보다도 하겠다는 의욕을 갖게 되고,

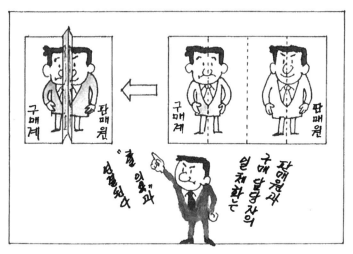

팔리는 상품에 대해 알게 되는 것은 틀림없는 것이다.

오늘날과 같은 시대는 전략의 힘이나 전술력도 물론 중요하지만 동시에 전투력도 아울러 갖추지 못하면 살아남기 어렵다. 여기에서의 전투력이란 능숙하게 구매를 하고 상품을 매진시키는 능력을 말하는 것이다. 이것이 지금 가장 중요하다. 그리고 능숙한 구매와 완전판매를 위해서는 판매하는 사람의 구매 참여가 절대 필요사항이 된다.

이와 같이 판매원에게 구매를 시켜야 한다는 소매업 경영의 원리는 그대로 판매원의 하겠다는 의욕의 동기(動機)부여를 뒷받침하고 결국 1.6^2의 힘을 발휘할 수 있게 뒷받침하는 것이다.

56. '반사(反射)의 원칙'과 신뢰적인 경영

심리학에 '반사(反射)의 원칙'이라고 하는 것이 있다. 마치 거울에 비치는 자신의 모습처럼 또는 벽에 부딪힌 테니스 공이 그 힘에 의해서 튕겨오듯이 자기의 상대편에 대한 태도가 자신에 대한 상대편의 태도로서 되돌아 오게 되는 심리적인 작용을 말하는 원칙이다.

일반적으로 인간이라는 것은 수동적인 동물이다. 인간은 상대편으로부터 이해가 되고 신뢰를 받고 있다고 느껴졌을 때, 비로소 그 상대를 신뢰하게 된다. 상대편으로부터 신뢰를 받지 못하고 있는데 그 상대편을 신뢰한다는 것은 우선 있을 수 없는 일이다. '반사원칙'의 한 예이다.

이것을 기업내의 인사정책에 적용해서 생각해 보자. 과거에 기업내 인사는 이른바 '인간성악설(人間性惡說)'에 바탕을 두고 있었다고 해도 좋다. 근무시간 중, 또 경우에 따라서는 근무시간 외에도 종업원의 의지와는 관계없이, 어떻게 하면 그들을 회사를 위해 일을 하게 할까 하는 데에 인사정책의 중점이 놓여져 있었다. 이렇게 되면 기업내에서 경영자와 종업원의 신뢰관계는 당연한 일이지만 성립되기 어렵다. 그렇지만 사회적·경제적인 발전에서 오는 여러 현상이 여러가지 의미에서 인간적인 요소를 개화

(開花)시켜 온 점에서, 그와 같은 관리방식으로는 경영을 해나갈 수 없으므로 인간성 중시의 경영으로 180도의 전환이 불가피하게 되었다는 것이 오늘날의 현실이다.

현재는 어떠한 사람이라도 인정만 받으면 크게 능력을 발휘하고 신뢰에 보답할 수 있다고 하는 이른바 '성선설(性善說)'적 발상에 바탕을 둔 관리방식을 취하는 것이 가장 올바르고 또 그렇게 되지 않으면 현실적으로 기업은 발전할 수 없게 되어가고 있다. 더 구체적으로 말하자면 현재는 종업원을 신뢰하고 종업원에게 경영자의 권한을 나눠갖게 할 수 있는가 없는가가 성장하는 기업의 하나의 조건이 되고만 것이다. 위임이 신뢰의 결과로 나오게 되는 것이라고 한다면 그곳에 '반사의 원칙'이 작용하고 종업원도 또 경영자를 신뢰하게 된다. 나는 여기에 인간성 존중주의의 근본이 있는 것이라고 생각한다.

확실히 인간은 신뢰를 받고 인정을 받게 되기만 하면 업무를 잘하게 된다. 예를 들면 앞의 항에서도 말한 것처럼 매일 고객을 접하고 있는 판매원을 더욱 신뢰하고 구매업무에 참여시켜 나가게 되면 그들은 인정을 받은 기쁨과 책임감에서 구매한 물건을 열심히 팔게 된다.

사실 우리 회사의 조사에 따르면, 판매원은 자기가 파는 상품 가운데, 구매할 때 자기 의사가 반영된 상품을 20%만이라도 취급을 할 수가 있으면 구매면에서 전혀 자기의 의사가 반영되지 못한 경우에 비해서 '하겠다는 의욕'이 몇배에 달한다고 하는 결과를 갖고 있다.

경영자는 종업원을, 종업원은 경영자를 인간성을 토대로 해서 신뢰한다. 그것이 인간성에 있어서 기브 앤드 테이크이고 또 '의욕'의 원천이기도 한 것이다. '반사의 원칙'은 그 심리학적 증명이다.

57. 정신적 지주론(支柱論)

인간에게는 어떠한 경우에도 정신적인 지주(支柱)가 필요하다. 괴로운 일이 있을 때는 물론이고 약동기에 있어서도 무언가 정신적인 지주가 없으면 인간은 자신감 있는 행동을 취할 수가 없다.

사람에 따라서는 그것이 종교이거나 철학이거나 특정한 주의(主義)일 수가 있다. 물질적인 것이 정신적인 것보다 중심이 되는 경우도 많다.

한편, 기업에는 종업원이 의욕을 가지고 일하기 위한 조건이라는 것이 몇가지 있다. 그것은,

① 톱(최고 경영자)으로부터의 신뢰

② 회사의 유명도(有名度)

③ 회사에 대한 신뢰

이 3가지로 크게 나뉘어지는데, 이 3가지 모두가 빠져 있는 회사에서 사원들은 의욕을 가지고 일할 수 없는 것이다. 3가지 모두를 갖추고 있으면 물론 그 이상 바랄것이 없다.

①의 경우는, '인간은 신뢰해 주는 상대방을 신뢰한다'고 하는 '반사의 조건'이 작용하고, 톱의 신뢰에 보답하기 위해 또는 그것을 배신하지 않기 위해서라도 사원은 열심히 일하게 된다.

②의 지명도는 대사회적(對社會的)으로도 사원의 우월감을 부추긴다. 그것이 업무에 대한 의욕으로 연결된다는 것은 이미 여러가지 사례에 의해서도 명백해지고 있다.

③의 회사에 대한 신뢰는 ①과 ②가 연결되어 있는 케이스가 많다.

기업 내에서 사원이 의욕적으로 근무하는 조건으로서 이상 3가지를 드는 것은 단적으로 말해서 이 3가지가 기업에 있어서 사원의 정신적인 지주(支柱)까지 되어 있다고 생각되기 때문이다.

이 3가지가 제각기 분산되어 사원의 '의욕'을 지탱해 준다는 것이 아니고 3가지가 한데 뭉친 형태로 사장이라고 하는 한 인간

위에 상징화 되고, 사장이 종업원에게 있어서는 정신적인 지주가되고 있는 경우도 적지 않다. 사원의 눈은 그런 의미에서도 끊임없이 사장에게 향해지고 있다.

따라서 이 경우에는 사장이 가장 훌륭하다고 종업원이 믿게끔행동하지 않으면 안된다. 물론 진실이 뒤따르지 않으면 누구나사장을 훌륭하다고는 생각하지 않을 것이고 설사 당장은 속일수 있을지라도 머지 않아 가면이 벗겨지고 사원으로부터 따돌림을 당하게 된다. 요컨대 사장이 가장 훌륭하다고 믿게끔 하기위해서도 사장 자신이 인격적으로 고결하고 사리사욕이 없으며인간적으로도 숨김이 없는 공개주의자이고 자신을 드러내고공개해도 또한 결점이 보이지 않는 완전무결한 인간에 가까운존재이어야 한다.

그런 의미에서 사장은 사생활도 중요하다. 보통회사에서는사장에게 2호 부인이 있는 것이 밝혀지면 사원으로부터의 신뢰가 30%나 감소하고, 3호가 있는 것이 밝혀지기라도 하면 신뢰도는 70%나 감소한다고 하는 재미있는 조사 결과도 있다. 사원의 정신적인 지주로서의 자기를 사장은 언제나 인식하고 있지 않으면 안된다.

58. '역량의 논리'를 중요시하라

기업은 사장의 역량 이상으로 성장할 수 없다. 조직 속에는 '역량의 논리'가 작용하고 있기 때문이다. 인간은 일반적으로 조직 가운데서 다음과 같은 특성을 발휘한다.

(1) 자신보다 역량이 없는 사람의 지시는 받으려고 하지 않는다. 즉, 그와같은 사람 밑에서는 일을 하려고 하지 않는다. 상사에게 역량이 없을 때에는 그 상사의 발목을 잡아끌던가, 자기가 그곳에서 도망치려고 한다.

(2) 역량이 있는 사람이 역량이 없는 사람에게 지시를 내렸을 때, 부하가 기쁘게 그것을 듣는 경우와 사실은 싫지만 두려워서, 또는 어쩔 수 없이 받아들이는 경우가 있다. 전자의 경우는 원만하게 일이 진행되는데 후자의 경우는 내분의 싹을 키우게 된다. 억압된 심리적 부담은 언젠가 어떤 형태로든 억압된 것 이상의 압력이 되어 다른 곳으로 분출하는 것이다.

(3) 인간은 누구나 자기가 가장 중요하다고 생각하고 있다. 그리고 자기에 대한 과대평가와 타인에 대한 과소평가로 살고 있다. 자신을 인정해 주지 않는 사람의 지시에 대하여는 '반사작용의 원칙'에 따라 기분좋게 받아들여지기가 어렵게 된다.

이상과 같은 특성을 생각하고 관리적으로 능숙하게 인간성을 활용하기 위한 규범으로서 정리한 것이 그림으로 표시한 '능력의 논리' 원칙이다.

이러한 점에서 결국 다음과 같은 생각을 이끌어 내게 된다.

① 사장보다 능력이 있는 사원은 존재하지 않는다. 사장보다 능력이 있는 사원은 사장의 발목을 잡아 당길 수가 없으므로 스스로 나가버리는 수 밖에 없다. 사장 이상의 인재는 그 시점에서 존재하지 않게 된다. 이것이 기업이 사장의 역량 이상으로 신장하지 못하는 이유이다. 만일, 사장이 우수한

인재를 모으고 더 한층 기업을 발전시키려고 생각한다면 우선 스스로가 더 많은 역량을 기르지 않으면 안된다.

② 역량 있는 상사가 부하의 인간성을 인정하고 부하의 입장이 되어 사물을 생각하고 지시해 주지 않으면 기업은 조직으로서 충분한 힘을 발휘할 수 없다.

③ 역량은 그림에 표시한 것처럼, 능력과 의욕을 곱한 것으로 표시되는데 시류와 함께 그곳에도 미묘한 변화가 생기고 있다. 아직껏 물질중심의 시대에는 역량이 능력과 의욕 가운데 능력 쪽에 비중이 높았으나 물질 중심이 아니게 되고, 세상이 안정이 되자, 능력보다도 의욕 쪽으로 그 비중이 이동하게 된 것이다.

이것은 인간성이 대단히 중요해진 표시이기도 할 것이다. 예전에는 일만 잘하면 다소 인간성에 문제가 있더라도 관리자로서 근무하는 수가 있었는데 오늘날에는 인간성이 존경할만한 정도까지 높지 못하면 부하는 따라오지 않게 되어 있다.

그 점, '역량의 논리'가 지닌 관리면에 있어서의 의미 부여를 충분히 이해하기 바란다.

59. 비공식 조직을 공식 조직에 흡수하라

기업이건 어떤 조직이건 2인 이상의 인간이 하나의 목표를 향해서 공동으로 대처할 때, 그 성과 여하는 거의 조직 형성에 달려 있다. 그것은 단순히 기계적으로 인원수를 편성조직하고 업무를 할당하면 끝난다는 것이 아니다.

조직에는 공식 조직과 비공식 조직이 있다. 관청이나 회사처럼 조직체 운영을 위해 인위적으로 짜여진 조직을 공식조직이라 하고 가족 관계나, 업무를 떠난 자유시간에서의 인간관계 등과 같은 자연발생적인 조직을 비공식 조직이라고 부른다.

일반적으로 비공식 조직은 '자연스럽게, 가장 효율적이고 결코 무리를 하지 않는 상태에 있는 조직이고, 그 특성은 유동성에 있다'고 정의가 내려져 있는데, 물론 많은 인간이 동일목표를 위해 공동으로 대처하는 경우, 능력 있는 자가 없는 자를 이끌어 나간다는 관계가 그곳에 발생하는 것은 비공식 조직의 경우에 있어서도 변함이 없다.

조직의 궁극적인 방향은 공식 조직과 비공식 조직의 일치이다. 또는 일치시키는 것이 조직학의 목적일지도 모른다. 비공식 조직과 같이 공식 조직이 유지될 수만 있으면 인간관계도 원만해지고 효율도 대단히 좋아지게 될 것으로 생각되기 때문이다.

회사와 종업원과의 관계는 긴 안목으로 볼 때 업무를 매체(媒體)로 하여 그림과 같은 윤회(輪廻)를 그리고 있는 것으로 생각된다.

우선 해야 할 업무가 있으므로써 회사를 유지할 수 있다. 그리고 그 업무를 주체로 하고 있을 때는 공식조직(경영자가 유지하는 조직)이 우위성을 갖고 있다.

그런데 그 사이에 종업원의 질과 양에 따라서 새로운 업무가 개발된다. 이 단계에서 비공식 조직(종업원 가운데서 자연스럽게 형성되는 조직)이 우위성을 발휘하기 시작한다.

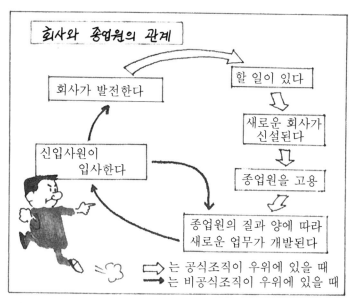

이것을 시대적 상황에서 보면, 앞으로는 보다 인간성에 합치된 비공식 조직이 우위성을 차지하고 있는 기업쪽이 시류에 적합하다고 말하지 않을 수 없을 것이다. 인간성의 자각과 경제적 여유가 확산됨에 따라 공식 조직이 지닌 약점이 눈에 띄게 드러나기 시작한 것도 이것을 뒷받침하고 있다. 이와 같은 때는 비공식 조직을 가능한 한 공식 조직에 합치시키도록 시도하는 것이 좋다. 그리고 될 수 있으면 마치 가족과 같이 물심양면으로 이해가 일치하는 것과 같은 그룹을 만들어 보는 것이다. 이것은 불타오르는 것과 같은 조직을 만들기 위한 하나의 조건이기도 하다.

어쨌든 비공식 조직의 우위성을 발휘할 수 있는 조직체에로의 전환을 하루라도 빨리 도모할 것을 제안하고 싶다.

60. 종업원의 정착률을 높여라

앞으로 일본에서는 일본식 경영이 가장 시류에 맞는다고 나는 믿고 있다.

일본식이라고 하는 것은 '떼지어 모이는 것'이고 '동료적'이라고도 할 수 있다. 한 가족이라는 의식, 일심동체적(一心同體的)인 감각을 무시하고는 웬만큼 강한 사람이거나 뛰어난 사람이 아닌 한, 또는 경제의 급성장기나 호황기도 아닌 한, 그렇게 간단히 살아남을 수 있는 것이 아니다.

제3차 산업에 대한 인력이나 기업의 참여는, 제1차 산업, 제2차 산업의 합리화에 따라서 앞으로 더욱 더 증가가 계속될 것이다. 치열한 경쟁은 피할 수 없다. 그곳에서는 인간적인 노하우가 경쟁에서 이기는 무엇보다 중요한 포인트가 된다. 요컨대, 접객 태도, 예의범절, 고객과의 일체화, 밀착화, 상품 지식과 같은 것이 결정적인 핵심이 될 것이다. 그것은 종업원에게 '하겠다는 의욕'이 없으면 불가능하다는 것을 의미하고 있다.

거기에서는 인간에 대해서 잘 알고 있는 베테랑과 고객 위주지향을 소중하게 생각하는 사람들이 무엇보다도 필요하게 될 것이다. 선배이건 젊은 사람이건 사람을 소중하게 생각하는 것이 중요한 것이다. 이런 점에서는 오랜 경험있는 사람일수록 잘

활용하면 그 사람의 경험을 되살릴 수 있다. 이렇게 생각해 보면 종업원의 양호한 정착율이 얼마나 중요한가를 알 수 있다.

정착율이 우수하면, 확실하게

① 종업원과 경영자와의 일체감을 끌어 올리고

② 해야겠다는 의욕을 북돋아 주며

③ 예의범절이나 태도를 바르게 갖게 되고

④ 더구나 업적까지 좋아지게 되는 것이다.

나는 어느 회사엘 가더라도 정착율이 높을수록 좋다고 강조하고 있다.

그리고 그것을 높이기 위해서는 '① 사원을 신뢰하자, ② 공개주의를 철저하게 지키자, ③ 서로 상부상조하자, ④ 부모처럼 종업원의 어려움을 돌보자, ⑤ 무엇보다도 인간이 소중하고 중요하다는 것을 회사의 이념으로 삼자'고 어드바이스 하고 있다.

　요컨대 정착율을 높이고 더구나 회사가 신장하기 위해서 경영자는 종업원을 아끼고 믿고 엄격하게 교육하지 않으면 안된다는 것이다. 종업원 교육이란, 종업원에게 남과 자신의 소중함을 일깨워 주고 '하겠다는 의욕'을 불러일으키게 해주는 것이다.

　종업원이 '하겠다는 의욕'을 갖도록 하려면 우선 종업원을 소중하게 생각할 것, 그리고 매우 호의를 갖는 것이다. 호감을 느낀 상대방에게는 회사의 일, 경영에 대한 일 등 무엇이던지 얘기를 나누고 싶게 되는 것이다.

　또 종업원은 무엇이던 얘기를 해 주어서 회사 전체의 운영상태를 알게 된 것이 부분밖에 몰랐던 때보다도 '의욕'을 더 갖게 되는 것이다. 경영자가 종업원에게 호감을 갖게 되면 자연스럽게 공개주의를 취하게 되고, 종업원의 '의욕'도 고취된다는 것이다.

61. 관리 위주보다는 인간성 위주로

　경영학에는 크게 말해서 2개의 흐름이 있다. 하나는 시스템공학, 경영관리론파이고 또 하나는 심리학・행동과학파인데, 나는 전자를 '시스템공학적 관리지향형', 후자를 '행동과학적 인간성 지향형'으로 부르고 있다.

　이제까지의 주류는 어느 쪽이냐 하면 전자에게 있었다. 그렇지만 인간의 감정도 개성도 고려하지 않고 이른바 무인격화(無人格化)함으로써 어떤 특정한 일을 일정하게 필요한 수준에서 수행시키려고 하는 이 사고방식은 현재에 와서 경영학의 주류가 될 수 없게 되어 가고 있다.

주류는 오히려 사람이 할 의욕이 있는지의 여부를 중심으로 한 '행동과학적 인간성 지향'으로 옮겨져 왔는데, 이것은 인간성 중시의 시류에서 볼 때 당연한 과정이라고 할 수 있을 것이다.

유통업은 가장 인간의 역량에 의존하는 경영체이다. 동시에 일반적으로는 전근대적인 것으로 일컬어지는 다양한 상행위 습관과 업계 구조를 지니고 있다. 더구나 경영환경이 급격하게 악화되고 기업간의 격차도 급속도로 확대되고 있다. 더구나 각종 경영의 노하우는 돈을 내고 노력을 하기만 하면 평등하게 손에 넣을 수 있게 되어 가고 있다.――이렇게 생각해 보면, 결정적인 수단은 역시 인간의 역량 그 자체라는 것을 알 수 있게 된다. 그곳에서는 당연히 관리 지향형의 조직보다도 인간성 지향형의 조직을 지향하지 않으면 안된다.

물론 나는 상품과 업무 중심의 관리를 완전히 부정하는 것은 아니다. 기업내에 있어서 확실히 사람은 리더십과 관리시스템에 의해 자극을 받고 반응한다. 그런데 거기에는 '관리시스템만의 자극은 나쁜 리더십을 대행하고, 나쁜 리더십은 나쁜 행동패턴을 부하에게 불러 일으킨다'는 원칙이 작용한다는 것도 잊어서는 안된다.

여기에서 나쁜 리더십이라는 것은 지배자를 말하는 것이고 반대로 좋은 리더십이란 지도자를 말하는 것이다. 지도자는 부하에게서 흠모를 받고 존경을 받게 되지만 지배자는 부하에게 두려움과 미움, 그리고 경원을 당하게 된다. 따라서 사람을 중심으로

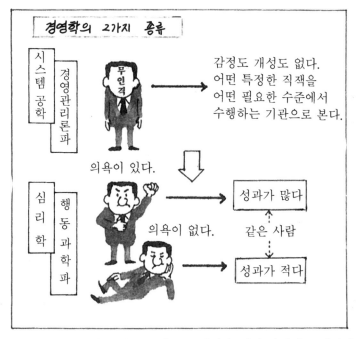

삼지 않고 업무와 물질을 중심으로 사람을 칭칭 얽어매는 관리시스템을 만들어도 경영자와 종업원 사이에는 결코 피가 통하지 않는다.

매년 수익이 늘어 성장을 거듭해 온 회사는, ① 경영자와 종업원 사이의 커뮤니케이션이 좋고 종업원에게 보람을 주는 일터를 제공하고 있다. ② 시류에 대응할 수 있는 기동성을 지니고 있다. ③ 종업원끼리 창의적으로 연구하고 독자적인 기술을 갖는 것과 같은 일들이 조사의 결과로 밝혀지고 있다. 요컨대 인간의 역량시대가 도래한 것이다.

인간의 역량이란, 그 인간이 지닌 '해야겠다는 의욕', '삶의 보람', '업무에 대한 열의' 등의 총화일 것이다. 이익의 원천은 어디까지나 이 인간의 역량이라는 것을 잊지 말기 바란다.

62. 커뮤니케이션의 힘이 경쟁력을 강화한다

조직에 있어서 혈액이란 상하의 커뮤니케이션을 말하는 것이다. 커뮤니케이션이 원활하게 빠른 속도로 조직 내를 순환하고 있으면 그 조직체는 건강하다고 판단해도 우선 틀림이 없다. 필요한 정보가 필요한 곳으로 가능한 한 빨리 전달되는 조직이 건강하고 최고의 조직인 것이다.

일반적으로 '경쟁력이란 커뮤니케이션의 힘이다'라고 하는 사고방식이 있는데 커뮤니케이션의 힘을 정보전달력(情報傳達力)으로 받아들이면 이 의미는 잘 이해할 수 있다. 경쟁력이 약한 기업체들은 종종 필요한 정보나 지시가 필요한 곳에 정확하게 전달되지 못하고 있는 경우가 많다.

나는 조직의 근본적인 자세로 '원형조직(圓形組織)'을 계속 제창해 왔는데 그것은 간단히 말해서 다음과 같은 조직이다.

종전과 같은 종적인 조직에서는 명령이 일방적으로 주어지는 것이고 부하에게는 거부권이 없었으나, 원형조직에서는 사장이 일방적으로 결정하는 것이 아니라, 사장 명령과 직접 관계되는 사람들, 예를 들면 부장까지 모두가 모여서 사장의 명령을 듣고 서로 의견을 개진해서 전원이 납득하고 일치가 된 바탕위에서 비로소 그 사장의 명령을 집행하려고 한다.

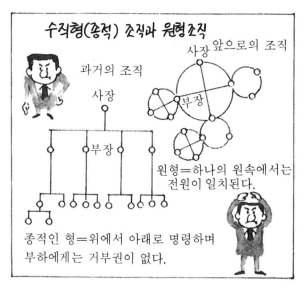

다음에 부장은 그 명령에 따라 직접 관련되는 부하인 과장들과 함께 전원이 납득하여 의견이 일치될 때까지 대화를 통해 결정해 나가는 것이다.

커뮤니케이션의 힘이라는 것을 생각할 때, 이 원형조직에서는 분명히 플러스로 작용된다. 참여의식이 양성되고 자기 책임제가 확립되며, 해야겠다는 의욕이 생기고, 종래의 종적이거나 수직적인 조직에 비해서 커뮤니케이션의 힘이 압도적으로 강하게 작용된다.

정보 전달의 속도는 확실히 종적인 조직이 빠르지만, 종적인 조직 내에서는 많은 단계 가운데서 한 단계마다 정보가 머물게 되어 그 앞의 필요한 곳까지는 좀처럼 전해지지 않는다. 이와는 달리, 원형조직은 한 단계마다의 정보전달 속도는 종적인 조직에 비해 떨어져도 전체적인 스피드, 필요한 부문까지의 전달력에 있어서는 훨씬 뛰어나다. 내가 원형조직을 제창하는 이유가 여기에 있다.

그러나 원형조직을 만들기만 하면 그것으로 좋다는 뜻은 아니다. 정보 전달에는 거기에 필요한 몇가지 조건이 있다.

① 조직체의 모든 성원이 모든 부문의 업무를 가능한 한 거시적으로 알고 있을 것.

② 정보나 지시에는 '언제, 누가, 어디서 무엇때문에, 누구에게'와 같은 발생 원인이 명시된 메모를 붙여 둘 것.

③ 정보의 지시에는 피드백 기능을 갖게 할 것.

④ 정기적으로 전 사원이 모든 정보의 집중 검토회를 갖는 정보의 집중 검토 방식을 채용할 것.

⑤ 가능한 한 빨리 정보를 전할 것……등이다. 연구 노력을 통해서 반드시 커뮤니케이션의 역량을 강화해 나가기 바란다.

63. 상성(相性)이 좋은 인간을 활용할 것

어딘지 모르게 마음이 통한다. 함께 있어도 긴장이 되지 않고 안도감을 준다. 곁에 없는 것보다도 있어 주는 것이 즐겁다. 이와 같은 사람을 상성(相性)이 좋은 사람이라고 한다. 이 상성이 좋은 사람끼리 하나의 그룹으로 업무를 추진할 때, 그 일은 틀림없이 흥미와 일치되고 그곳에서는 서로 '참여와 독립'이 잘 조화를 이루게 되어 대단한 효율을 발휘한다.

상성이 좋은 사람들이 하나의 그룹을 만드는 것은 그런 의미에서 조직으로서는 이상적인 형태라고 말할 수 있을 것이다.

일반적으로 상성은 그 사람이 지닌 인생관과 사회관, 특히 타인과의 사교 방법에 따라 결정되는 경우가 많다. 타인과의 교제방법은 '대인관계사고(對人關係思考)'라고 하는데, 이것은 다음의 표처럼 크게 나누어서 생각하면 이해하기 쉽다.

즉 Ⓐ '사람을 믿는다', '사람을 믿지 않는다'. Ⓑ '원수도 사랑한다', '원수를 친다'. Ⓒ '상대의 입장에 서 본다'. '상대의 입장에 설 수 없다'는 3가지로 크게 분류하는 것이다.

그림은 이 표를 근거로 내가 '대인관계 도표'로서 만든 것인데 이와 같은 도표를 스스로 작성하게 하면 상성이 좋고 나쁜 것을 알 수가 있어 재미있다. 요컨대 표의 3가지 과제에 대해 자기가 해당되는 곳에 점을 찍고 선으로 연결한다. 그 결과, 선이 똑같은 패턴을 나타내는 사람은 상성이 좋다는 것이 된다.

'상성적(相性的)인 경영', '상성적인 관리'의 핵심방법은 하나의 업무를 담당한 책임자가 자신과 상성이 좋은 사람들을 우선 모으는 것이다. 여기에서부터 시작하면 된다. 인사부나 교육부에서 지명되어 오는 사람을 기다리는 것이 아니고 자신이 결정을 하고, 자신이 직접 교육을 실시한다. 이것이 최선의 방법이다. 그렇지 않다하더라도 '끼리끼리 모인다'는 말과 같이 마음이 맞는 자는 자연스럽게 모여들게 되는 것이다.

어떤 기업이나 창업때는 대단한 신장을 하게 되는 것인데, 그것을 사장이 상성이 좋은 자만을 모아서 자신이 교육하고 모두가 안심할 수 있는 인간 환경을 만들어 그 가운데서 전력투구를

①사람을 믿는다. 100 %	50 %	사람을 믿지 않는다. 0%
②적도 사랑한다. 100 %	50 %	적은 때려 부순다. 0%
③상대편의 입장에 선다. 100 %	50 %	상대편의 입장에 서지 못한다. 0%

대인관계 도표

끼리 끼리 친구가 된다

하기 때문일 것이다.

그렇지만 '상성적인 경영', '상성적인 관리'에도 함정이 있고, 때로는 터무니없는 실패를 하는 수가 있다. 이것은 똑같은 패턴의 인간이 지나치게 많이 모였을 때 빠지기 쉬운 함정이다. 또 발상이 미시적, 주관적이 되고 말기 때문이다.

다음 항에서 말하는 것과 같은 '붙임성이 있는 사람'을 상성이 좋은 사람들의 그룹에 넣어 둘 필요성이 여기에 있게 되는 것이다.

64. 조직에는 붙임성 있는 사람이 필요하다

세상에는 확실히 '붙임성'이라는 것이 있다. 붙임성 있는 사람과 없는 사람이 반드시 있다.

붙임성이라는 것은 그 사람이 스스로 창출하는 것이다. 결코 운명적인 것도 타동적인 것도 아니다. 따라서 가능한 한 붙임성이 있는 사람과 교제를 하고 그 사람의 사고방식과 행동을 모방해야 한다. 사람을 쓰는 경우에도 어차피 쓸바에는 붙임성이 있는 사람을 쓰는 편이 바람직하다.

인간은 자신을 과대평가하고 남을 과소평가한다. 따라서 상대하고 있는 두 사람 사이에서는 공통적으로 과소평가하고 있는 제3자를 화제로 대화하는 경우가 많다. 소문도 똑같은 이유로 많은 사람들의 화제가 된다.

그런데, 현실적으로 눈앞에 있는 상대편에 대해서 화제로 삼기는 어렵다. 서로 평가가 다르기 때문이다. 아마도 상대편을 치켜세워 공치사를 하던가 스스로 겸손해지는 것 이외에 서로 상대방에 관한 화제는 잘 얘기가 진행되지 못할 것이다. 그러나 개중에는 남이 자기를 평가하는 눈으로 자기 자신을 보고 있는 사람도 있는 것이다.

그와 같은 사람 앞에서는 자신이 생각하는 바대로 말할 수가 있고 치켜세우거나 공치사를 하거나 무리하게 겸손해 할 필요도 없다. 오히려 그와 같은 사람은 이쪽의 얘기를 적극적으로 들으려고 노력할 것이다. 이와 같은 사람을 일반적으로는 겸손한 사람이라고 한다.

인간은 누구나 겸손한 사람을 좋아한다. 자기를 인정해서 받아들여 주고 좋은 말을 들려주기 때문에 당연하다. 이와 같은 사람과는 누구나 교제하기를 원할 것이고, 또 이런 사람을 위해서는 모든 편의를 아끼려고 생각하지 않는다.

인간은 혼자서 살 수가 없다. 자신을 지원해 주고 도와주며 편의를 도모해 주는 사람이 필요한 것이다. 그리고 그와같은 사람이 많으면 많을수록 그 사람의 인생의 활동 범위는 더욱 크고 풍부하며 붙임성도 많다.

남을 보는 눈으로, 또는 타인이 자기를 보는 것과 같은 눈으로 자신을 볼 수 있는 것을 '객관화(客觀化)'라고 한다. 그렇다면 이 '객관화'에 능숙한 사람, 보다 객관적인 사람일수록 남에게 호감을 주고 붙임성도 많게 된다. 주관적인 사람보다는 객관적인 사람쪽이 절대적으로 붙임성이 많게 된다. 같은 사람이라도 주관

적일 때보다는 객관적일 때가 절대적으로 인기가 좋다.

결국 붙임성과 거리가 먼 사람은 겸허하지 못하고 객관적이지 못한 사람, 알기 쉽게 말해서 자기 과신이 지나치고 주관적이며 참을성 없는 역겨운 사람이라고 말할 수 있다.

붙임성이란 그 사람이 스스로 창출한 것이라고 하는 것은 이를 두고 말하는 것이다. 붙임성이 있거나 없는 것은 어디까지나 그 사람의 책임이라고 할 수 있다.

조직에는 설령 상성이 좋은 사람들의 그룹일지라도 이와 같이 붙임성 있는 객관적인 사람의 존재가 절대로 필요하다고 말할 수 있다.

65. 자기 신고제를 가능한 한 도입하라

회사에는 회사 자체의 방침과 계획이 있다. 예산도 물론 세우지 않으면 안된다. 다만 시류의 변화가 최근과 같이 심하면 '이제까지도 이만큼 팔렸으니까 과거의 경향으로 보아서 금년에는 다분히 이만큼 팔리겠지'하는 것과 같은 트렌드(trend : 추세)적인 견해를 토대로 만든 계획이나 예산 설정의 방법으로는 실패할 가능성이 높고 대단히 위험하다. 그것은 정세의 급변으로 언제 어떠한 수정을 강요당하게 될지 모르기 때문이다.

최고 경영자가 이 판단을 그르치면 사원들로부터 불신을 받게된다. 하물며 예산이나 노르마(Norma : 노동 기준량)를 업무 당사자에게 위에서 강요할 경우 불신의 정도는 한층 심해질 것이다.

그렇지 않아도, 당사자에게 있어서 업무와 노르마를 위에서 밀어붙인다는 것은 그다지 기분이 좋은 일이 아니다. 목표액이 적으면 적은대로 과소평가된 느낌이 들게 될 것이고 지나치게 많으면 그 달성의 어려움을 생각해서 불만이 쌓인다.

이러한 문제를 해결하는 것이 '자기 신고제도(自己申告制度)'의 채용이다. 업무란 명령을 받아서 하는 것 보다 스스로 참여해서 자진해서 해야겠다는 의욕이 생겨서 하는 것이 훨씬 능률적인

것이다. 이것은 새삼스럽게 말할 것 까지도 없다. 자기 신고제는
그와 같은 것을 고려해서 생긴 제도인데, 이것은 기본적으로
잘못되지 않으면 회사나 업무는 담당자에게 있어서도 대단히
커다란 플러스가 된다.

　그 기본이란, ① 참여 의욕을 소중하게 여긴다. ② 독립 의욕을
충족시킨다. ③ 책임감을 갖게 한다. ④ 상성이 좋은 사람끼리
모이게 하는 인사정책을 인정한다. ⑤ 업무에 대한 본인의 보수
까지 자기신고제로 한다――는 다섯가지라고 해도 좋다.

　예를 들면 회사 안에 영업부가 5개 있고, 영업부장 후보가
10명 있다고 하자. 우선 이 10명의 부장 후보에게 자신이 소속하
고 싶은 부서를 3개씩 자기 신고 하도록 하는 것이다. 그리고
자신이 부서의 책임자가 되었을 때의 매상 예정, 경비 예정, 매출
이익 예정, 이익 예정 등과 추가해서 자신이 함께 일하고 싶은
사람의 이름도 신고하게 하고 거기에 덧붙여 목표를 달성했을
때의 원하는 보수, 달성하지 못했을 경우의 책임까지 신고하도록

한다.

회사로서는 그 신고를 바탕으로 회사와 10명의 부장 후보 모두에게 가장 플러스가 되는 인사정책을 택하면 된다.

이와 같은 자기 신고제가 목표 달성에 있어서 대단한 효과를 올리고 있다는 것은 이미 여러 기업에서 입증되고 있다. 이것은 '원형조직'이나 '상성관리의 응용'으로 해석할 수 있을지도 모른다.

다만, 해야겠다는 의욕이 없는 샐러리맨 근성형의 종업원이 많고 책임회피 자세가 만연되고 있는 기업에서는 이와 같은 방법이 좀처럼 성과를 올릴 수 없다. 이와 같은 회사에서는 사원들에게 의욕을 불러일으키기 위한 여러가지 방법을 하나씩 실천해 나가는 수밖에 없을 것이다.

66. 다시 구매와 판매의 일체화에 대해서

소매점에서의 판매원의 구매 참가에 대해서는 좀 더 구체적으로 말해 두지 않으면 안된다.

매장 면적이 500평방미터 이하의 소형점에서는 판매원 수가 많아야 겨우 20명 정도인데, 이 정도의 점포에서는 판매원이 모두 구매담당자를 겸하여야만 하는 것이다. 점포주 또는 책임자를 중심으로 '톱다운형'의 조직을 만들고, 서로 도와가면서 구매와 판매를 공동책임으로 하면 좋다. 현실적으로 이와 같은 시스템으로 훌륭한 성과를 올리고 있는 소형 점포가 많이 있다.

그런데, 한 점포의 매장면적이 몇 천 평방미터나 되는 대형점포인 경우에는 좀처럼 쉽게 되지 않는다. 조직적으로 움직이지 않으면 안되기 때문에 판매원을 전부 구매담당자로 만드는 것은 실제로 상당히 어려운 문제를 안고 있다. 상세하게 말하지는 않겠는데 그곳에서는 시스템상으로 기능 분화(機能分化)를 하지 않을 수 없고 타 부서와의 연관성이 여러가지로 문제 되거나 한다. 그러나 어떠한 경우에도 판매원이 결정적인 핵심인 것만은 변함이 없다. 그렇다면 결론적으로 이와 같은 대형점포에서는 판매원의 전원 구매 제도가 아니라 '판매원의 구매참가'만이 꼭 필요하다는 것이 된다.

판매원의 담당상품 가운데 적어도 20％의 상품은 판매원이 잘 파는 것을 중심으로 구매 참가를 시켜야 할 것이다.

한편 나는 대규모 체인스토어에 대해서 다음과 같은 구매 시스템을 제창하고 있다.

① 100％의 본사 구매보다도 각 점포 사이드에서 지역밀착형(地域密着型) 상품을 구매하도록 한다.

② 그 때문에 책임자의 권한을 강화한다.

③ 최종 구매권은 가능하면 판매원에게 있도록 한다. 그러나 수많은 점포에서 각 판매원이 제각기 상품을 구매하게 되면 체인점의 메리트가 나타나지 않으므로 상품부를 중심으로 한 시스템을 도입하도록 권하고 있다.

③에서 말하는 시스템에서는 구매권이 어디까지나 판매원에게 있다. 그런데 그것과는 별도로 본부에도 상품부가 있다. 이 상품부에는 각 품목마다 베테랑의 구매담당자가 소속하고 있다——

이와 같은 시스템을 말하는 것이다.

　상품부원은 이론적으로는 구매권을 갖고 있는 판매부원의 스태프이고 판매원으로부터 위탁을 받았을 경우에만 구매대행권을 갖게 되는데 그것만으로는 이 시스템의 메리트가 나타나지 않으므로 담당 상품에 대해서는 회사의 구매총액의 100％ 가까이까지 구입을 할 수 있도록 노력하는 것이 의무로 되어 있다.

　판매원은 그와 같은 상품부원을 믿고 100％ 그에게 구매 의뢰해도 좋고, 물론 메이커나 도매상으로부터 자신이 직접 상품을 구매해도 상관없다.

　이렇게 되면 판매원은 자신의 주체성을 견지하는 것이 되므로 상품부에게 의뢰하는 경우에도 자신이 구매를 하고 있는 것과 결과적으로는 같게 된다. 또 상품부에서 일괄해서 베테랑이 구매를 하는 것이므로 과오도 거의 생기지 않는다. 그야말로 일석이조의 방법이라고 말할 수 있다.

67. 안티 샐러리맨적 체질을 몸에 익혀라

① 부과된 업무를 주어진 시간까지 하기만 하면 된다. ② 업무는 고통이다. 일해서 얻은 급료로 업무 이외의 시간을 즐기는 것에 삶의 보람이 있다.——이와 같은 사고방식의 체질을 '샐러리맨적 체질'이라고 한다.

이와는 반대로, ① 업무는 매우 즐겁다. 일에 무엇보다도 비중을 둔다. ② 업무는 누가 주는 것이 아니고 스스로 만들어 진행시키는 것이라고 생각하고 행동할 수 있다. ③ 언제든지 자신이 하고 있는 일, 해야 할 일을 천직으로 생각하고 전력투구할 수 있다.——이와 같은 체질을 '안티 샐러리맨적 기질'이라고 한다.

어떠한 장사에서도 종업원이 샐러리맨화 하게 되면 발전이 어렵게 되지만, 특히 소매업에서는 이 경향이 강하게 나타난다. 그 가운데서도 전문점이나 소형 점포일수록 샐러리맨화가 나쁘다. 어떠한 소매점의 종업원이라도 점포가 작을 때나 창업 무렵에는 잘 견디고 열심히 일을 한다. 그런데 점포가 커지고 사람이 늘게 되면 시스템이나 관리에 문제가 있다고 말을 꺼내기 시작한다. 시스템이나 관리도 좋지만 그 결과로 나타나는 직원들의 샐러리맨화가 더욱 곤란한 것이다.

앞으로 소매업계는 더욱 더 경쟁이 치열해진다. 여기서는 노력

하고 분발하는 사람이 있는 기업만이 성장한다. 모처럼 규모가 커져도 샐러리맨화 하게 되면 순식간에 업적의 악화로 되돌아오게 되는 것이 소매업이라고 할 수 있다. 여기에서 안티 샐러리맨화의 조건을 말해 두자.

① 사장이 종업원을 인정하고, 종업원에게 맡기는 도량을 지니고 있다. 더구나 종업원을 보호해 준다.

② 종업원 가운데 전통적으로 '해내겠다는 의욕'이 넘치고 있다. 일을 좋아하는 종업원이 반드시 몇명인가 있고, 그들이 다른 종업원을 리드하고 있다.

③ 개방적인 체질이 회사 안에 있다. 사내의 일은 공개적이고 전종업원이 전체적인 업무를 거시적으로 파악할 수 있도록 되어 있다. 그때문에 자기가 노력하는 의미도, 그 결과도 모두가 충분히 이해할 수 있다.

④ 끊임없이 경쟁상태에 있는 것과 같은, 또는 커다란 목표를 향해서 달리는 것과 같은 긴박감이 있다. 종업원을 한 덩어

리로 뭉치게 하는 것과 같은 자극이 역시 필요한 것이다.

⑤ 업적의 향상이 자신감과 연결되고, 업무를 좋아하게 되어 더욱 업적이 향상되는 것과 같은 좋은 순환이 필요하다.

⑥ 각 개인에게 커다란 꿈 즉, 낭만과 비젼을 갖게 하지 않으면 안된다. 이것이 체념과 평준화를 타파하는 능력이 된다.

산업계에서는 역시 사람이 최대의 결정적인 핵심이 된다. 사원들에게 안티 샐러리맨적인 의식을 갖도록 하지 않으면 회사도 구성원도 결코 발전하지 못할 것이다.

68. 올라운드 맨을 만드는 요령

사회의 지도자들은 그 대부분이 거시적(巨視的) 사고형의 인간이다. 그 대표는 아마도 경영자일 것이다. 경영자라는 것은 일부의 예외를 제하고는 놀랄만한 박식가들 뿐이고 매크로적인 인간이다. 다른 사람의 이야기는 일단 겸허하게 무엇이든지 듣고 좋다고 생각한 것은 곧바로 받아들인다. 게다가 참으로 겸손하다. 이와 같은 체질을 지닌 사람을 '경영자형의 인간'이라고 한다.

객관적으로 보아서 현대사회를 움직이고, 지도자로서 힘을 발휘하고 있는 것은 이와 같은 경영자형의 사람들이다. 경영자형

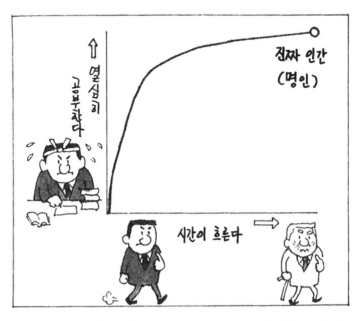

의 인간을 '올라운드 맨(all round man)'으로 규정한다면 현재는 틀림없이 올라운드 맨의 시대라고 말할 수 있을 것이다.

경영자형인 체질을 지닌 사람이 사회에 적응하고 받아들여지고 있는 현실을 부정할 사람은 아무도 없다. 올라운드 맨으로서 몇 가지 전문적인 일에 매달리거나, 전문가를 코디네이트하는 능력, 또는 포용하는 능력을 몸에 익히는 것이 확실히 변화에는 적응하기 쉽다.

한편, 어떤 일에서나 명인이라고 일컬어지는 사람은 매우 드문 존재이다. '진짜 인간'을 만드는 데는 오랜 세월이 걸리기 때문이다. 명인이 한 사람 탄생하는데 20년은 걸릴 것이다. 그 명인이 만들어내는 것은 진짜이고, 다른 어느 누가 만든 것보다도 훌륭한 것임에는 틀림이 없다.

그런데 보통사람이 명인이 되려고 수양을 시작한 후, 3년동안 분발하면 어느 정도의 성과를 올릴 수 있을까. 어떤 연구에 따르면, 20의 노력으로 완벽(100%)한 경지에 도달할 수 있다면 3의 노력으로 그 80%는 달성할 수 있다고 한다. 반대로 말하자면 나머지 20%를 달성하는데 17의 노력을 하지 않으면 안된다는 것이다. 이 나머지 20%도 $17 \times \frac{3}{20}$의 노력으로 그 80%(즉 전체의 96%)가 손에 들어오게 되는 것이므로 이 비율로 나가면 100%의 최후의 1%를 성취하기 위해서는 막대한 노력이 필요하게 된다는 계산이 성립한다. 그림은 그동안의 관계를 나타낸 것인데 이것은 진짜란 것이 얼마나 얻기 어렵고, 가치가 있는 것인가의 증명인 동시에 뒤집어서 말하자면 일의전심(一意專心)의 효율이 나쁘다는 증명도 되는 것이다.

20년간 노력을 하면 명인이 될 수 있다. 그렇지만 3년간 분발하면 그 가운데 80%를 습득할 수가 있다. 그렇다면 오히려 모든 일을 3년씩 분발하여 착수하고 여러가지 방면의 일을 80%씩 마스터하도록 해보는 것이 어떨까. 이것을 말하자면 올라운드 맨을 만드는 요령이라고 해도 좋다. 한 분야에서 명인이 되기 위해서는 대단한 노력이 필요하다. 거기에 비하면 올라운드 맨을 만드는 일은 훨씬 쉽고 효율이 좋다.

69. 소매업에는 어떤 인재가 적합한가?

메이커나 도매업 경영과는 달리 소매업 경영은 고객이 주체인 장사이다. 그런만큼 궁극적으로는 인간관계가 성공의 키포인트가 된다. 이와 같은 특성을 고려하면 일반적으로 소매업에 적합한 인재는 외향성(外向性)의 올라운드맨형 인간이 될 것이다.

확실하게 말해서 직업인형(職業人型)과 전문가형, 또는 사교성이 없는 내향성(內向性) 인간은 소매업에 적격이 아니다.

인간의 능력은 보통 그림에 표시한 것처럼 '제1차 기본능력', '제2차 기본능력', '제3차 기본능력'의 3가지 기본적인 패턴으로 나누어서 생각할 수 있는데, 이 가운데 제3차 기본능력을 지니고 있는 사람이 소매업에 가장 적합한 인재라고 할 수 있다. 그런 의미에서 소매업에 있어서는 인재를 채용하는 시점에서 적어도 메이커와 도매업보다도 신중을 기하지 않으면 안된다.

제3차 기본능력을 갖추기 위한 소질에는 다음과 같은 조건이 있다.

(1) 제2차 기본능력에 있어서 평균적인 사람보다는 소질적으로 뛰어날 것.

(2) 변화를 좋아하는 사람일 것. 인간에게는 변화하는 것과 모르는 것을 싫어하는 사람과 그 반대로 변화와 모르는 것에

곧 흥미를 나타내는 사람이 있다. 이 후자가 소매업에 적격이다. 그보다는 성공할 사람으로 적격이다.

(3) 콤플렉스를 너무 갖지 않는 사람일 것. 누구에게나 열등감은 있는데, 이것이 강한 사람은 우월감도 강해져 그만큼 대인적인 업무에는 적격자가 아니다.

(4) 전력투구형, 집중형 인간일 것. 주로 여성 고객을 대상으로 하는 소매업에 있어서는 기계적 또는 샐러리맨적인·태도는 커다란 마이너스를 만들게 된다. 업무를 자기의 삶의 보람으로 생각하며 의욕을 가지고 매달리는 사람이 소매업의 인재로서는 적격자이다. 그때문에 어떤 일이건 전력투구를 할 수 있고, 집중할

수 있는 사람이 바람직하다.

이상과 같은 소질은 일반적으로 전통적, 기질적(氣質的)인 것과 환경적·성격적인 것에 따라서 정해지는데 이러한 것을 판단한다는 것은 실제로 상당히 어렵다. 그래서 현실적인 문제로서는 다음과 같은 것이 소매업에 어울리는 인재가 된다. 인재 채용시에 참고하기 바란다.

① 자신의 업무를 천직으로 생각하는 인간.

② 소매업이 좋아서 견딜 수 없다고 생각하는 인간.

③ 안티 샐러리맨형의 인간

④ 외교성(外交性)이 있는 올라운드형의 인간

70. '인원수'의 개발에서 '인재'의 육성 개발로

'100명의 사원보다도 3명의 인재가 더욱 귀하다'는 경영원칙이 있다. 사람의 육성, 개발의 방향은 어디까지나 사람을 '인재'로 만드는 것이지, '인원수'로 하는 것이 아니다.

'인재'란 자신의 수입을 포함한 경비 이상의 수입을 자발적으로 기업체에게 가져다 주는 인간을 말하는 것이다. '인원수'란 부여된 일 이외에는 하지 않고 손익계산은 그 사람을 고용하는 회사측의 수완에 100%가 걸려 있다는 것과 같은 사람들을 말하

는 것이다.

요컨대 명령받은 일, 결정된 업무만을 기계적으로 하는 사람, 급료의 대가로서 근무하는 것이라고 하는 샐러리맨적 감각인 사람들을 인원수(머리수)라고 하는 것인데, 인원수를 만들기 위해 인재교육과 훈련을 생각한다고 하면 그것은 커다란 잘못이라고 하지 않을 수 없다.

이제까지 양판점을 중심으로 하는 일부의 소매업계는 '상업의 공업화'를 계속 주장해 왔다. 공업과 마찬가지로 판매면에서의 매스화·단순화·기계화 등의 컨베이어 벨트화를 추진하려고 하는 사고방식이다.

이 생각은 경쟁이 없는 상태에서의 전략으로서는 긍정할 수 있는데 경쟁이 격화되는 오늘날에 있어서는 전혀 긍정할 수가

없다. 이 공업화 사상의 근거에는,

① 인간성악설, ② 기업의 에고(이기심), ③ 경영자의 에고 등을 강하게 느끼기 때문이며, 컨베이어 시스템이 인간성과 융화될 수 없다는 것, 고소득과 높은 교양시대의 도래와 함께 공업의 상업화는 이루어지더라도 상업의 공업화는 가장 시류에 적합하지 않다는 것 등을 인식할 수 있기 때문이다.

오버스토어 경향이 있는 소매업의 현 상황에서도 셀프로 팔리는 상품의 비율은 해마다 감소 추세이고, 셀프로 팔리는 내의·양말 등의 의류, 보존식품이나 일용품에서도 인간적인 서비스를 중심으로 하는 점포와 경쟁을 하면 그 실적은 비교가 되지 않을 정도로 악화되고 있다.

매스화·단순화·표준화·매뉴얼화 등의 공업화 수법은 공급과잉, 경쟁격화의 현실, 양에서 질로 라고 하는 소비패턴의 전환, 종업원의 인간성 존중에 대한 자각, 고소득, 높은 교양시대에 있어서 소비자의 소비행동 변화 등에 의해 독과점 점포, 독점 점포 등을 가지고 있는 곳 이외에서는 통용하지 않게 되어 가고 있다. 이와 같은 현상은 동시에 '인재'의 육성, 개발이야말로 오늘날 가장 중요하다는 것을 뒷받침하고 있는 것이다.

인재의 육성, 개발의 중요 포인트로서 이상의 점을 충분히 인식해 주기 바란다.

71. 인재 개발의 4단계

기업이나 조직의 경쟁력은 이른바 인재를 몇명 데리고 있느냐에 따라서 결정이 된다. 또 그 장래성도 오로지 이 인재를 만드는데 달려 있다고 해도 좋다.

인재란, 일반적인 지적 생산활동의 분야에서 말한다면 무슨일을 시켜도 성패의 핵심에서 벗어나지 않으며 안심하고 일을맡길 수 있는 사람을 말하는 것이다. 무슨 일에도 응용력이 있는사람이라고 바꾸어서 말해도 좋다. 이것을 올라운드 맨이라고한다.

올라운드 맨이 되기 위해서는 응용력을 몸에 익히지 않으면안되고 응용력을 몸에 익히려면 기본적인 것을 자기 자신의 머리속에 충분히 주입시키지 않으면 안된다.

그러면 기본적인 것이란 무엇인가. 여기에서 다시 한번 〈161쪽〉의 그림을 보기 바란다.

이 그림에 나오는 '제1차 기본능력'이란, 살기위해 필요한 능력을 말하는 것이고, 이것이 없으면 한 사람의 인간으로서 살아갈수 없는 능력을 말하는 것이다. 응용력은 이 제1차 기본 능력에일정한 지식과 경험이 가미되어 키워지게 된다.

응용력이 생기게 되면 제2차 기본 능력은 필연적으로 그 사람

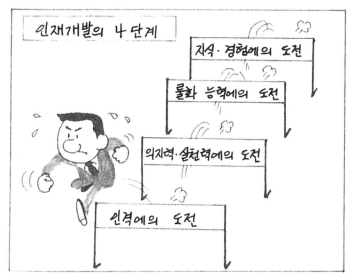

의 것이 될 것이다. 그 다음에는 제3차 기본 능력의 획득에 도전하고 응용력을 살리는 방법을 배우면 된다. 이것으로 인재로서 필요한 능력이 몸에 붙게 된다. 요컨대 인재란 제3차 능력을 갖춘 사람을 말하는 것이다.

이 제3차 능력을 갖추게 되면 그 사람에게는 지도력이 생기게 되고 부하에 대한 것을 자신이나 자신의 가족에게 대하는 것과 똑같이 배려를 해줄 수 있게 된다. 부하보다도 자기중심으로 업무를 결정하고 그들의 공을 가로채고, 잘못을 부하에게 돌리는 것과 같은 상사는 지도력이라는 점에서는 제로라고 해도 좋다. 이런 사람은 지도자가 아니고 지배자이다. 그렇게 되면 사람을 활용할 수가 없다. 그런 의미에서 '인재'란 사람을 쓸 수 있는 사람을 말하는 것이라고 바꾸어서 말할 수도 있다.

부하가 '저 사람을 위해서라면 전력투구를 해보고 싶다고 생각하고 행동을 할 수 있는' 그런 대상을 말하는 것이다. 그러기 위해서는 부하로부터 존경을 받고 신뢰받으며 친근감을 느끼게 하도록 하지 않으면 안된다. 그와 같은 인간을 만드는 것이 즉 인재개발인 것이다. 나는 다음과 같은 4단계의 인재개발을 제안하고 있다.

① 지식과 경험에 도전하는 버릇을 몸에 익힌다.

② 지식과 경험에서 현상을 룰화 하는 능력을 몸에 익히도록 한다.

③ 좋다고 판단한 것을 실천에 옮기고, 나쁘다고 판단한 것을 하지 않는 의지력, 실천력을 몸에 익힌다.

④ 남에게 호감을 주고 존경을 받으며, 신용을 얻는 인격을 기른다.

이것으로 정말 실력이 붙고 인재가 되는 것이다. 사원의 올 인재화(人材化)에 도전하기 바란다. '기업은 사람'이고, '경영은 인재'인 것이다.

72. 통제 기능보다도 조정 기능을 중시하라

조직의 목적은 복수의 인간이 공통된 목표를 위해 협동해서 행동을 할 때, 더욱 능률을 올릴 수 있도록 사람과 업무를 조화시키는데 있다. 따라서 1명보다는 2명, 2명보다는 3명이라는 식으로 성원의 수가 늘수록 능률이 오르고 목적달성이 쉽게 된다면 조직은 의미를 갖게 되는데, 반대로 능률이 떨어지게 되면 조직체는 그 존재 의의를 잃게 되고 만다.

그런데 그 중에는 조직이 커지면 커질수록 변화에 즉시 대응하지 못하거나 서비스가 고루 미치지 못하게 되거나 하는 케이스도 적지 않다. 그것은 조직전략과 인재의 활용전략이 나쁘기 때문이고 커지면 커질수록 변화에 재빠르게 대응하고 서비스도 향상한다는 것이 조직의 본래 모습이다.

일반적으로 한 사람이 통제를 하고 있는 경우, 조직체는 어느 인원수까지는 효율을 올릴 수 있으나 그것이 일정한 한계를 넘으면 효율이 악화되기 시작한다. 이것을 '통제의 한계'라고 한다. 나의 상식으로는 대체로 20명의 성원에서 이 한계에 도달하는 것이 보통인 것 같다. 아무리 유능한 리더라도 직접적으로는 20명 정도의 부하 밖에 통제할 수 없다는 것이다.

그러면 100명인 조직체에 있어서 가장 효율을 올리려면 어떻게 해야 할 것인가. 전체를 5개 이상의 통제 가능 범위의 그룹으로 나누고 그것을 한 조직체로서의 목적하에 조정해 나가는 것이 최선의 방법이라고 말할 수 있다. 그러기 위해서는 조정 기능을 지닌 조직이 별도로 필요하게 된다.

여기에서 말하는 조정이란 각 그룹이 하나의 테두리에서 벗어나지 않도록, 또 서로 지나치게 경쟁을 하거나 서로 발목을 잡아 끌거나 하지 않도록 목적달성을 향해 서로 보완하고 협력하도록 능숙하게 각 그룹을 조정하는 것이다.

이 통제와 조정의 활용 구분에 관리의 요령이 있다. 특히 조정이 관리 가운데서 수행하는 역할은 크다. 통제에는 한계가 있는데, 조정은 통제의 한계 내에 있는 여러가지 그룹의 힘을 총망라

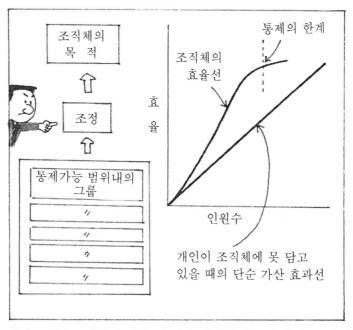

해서 조직으로서의 효과를 더 한층 발휘시키는 것인 만큼, 절대량으로서의 힘의 범위는 통제에 비해 현격한 차이로 커지게 된다.

조정자의 능력 여하에 따라서는 통제력의 수십배에도 미치고 조정자로 스태프가 붙게 되면, 그 한계는 거의 없어지고 만다고 생각된다.

결국, 관리력은 어떻게 통제하느냐 하는 것보다도 어떻게 조정을 하느냐에 따라서 결정이 되고, 관리 시스템으로서는 통제 기능보다도 조정 기능을 중시하는 것이 절대적으로 강한 힘을 발휘한다. 특히 사람이 경영의 주요 요소가 되는 기업일수록 이와 같은 경향이 강하다는 것을 충분히 인식해 주기 바란다.

73. MTP형 조직 운영법은 과거의 유물이다

MTP란 제2차 세계대전 중, 하사관급의 감독관을 단기간에 양성할 목적으로 미국에서 고안되어 발달한 관리수법 가운데 하나이다. Managment Training Program의 약자인데 일본에서는 '관리자 훈련강좌'라고 해서 1940년대 후반부터 1950년대에 걸쳐서 전국의 기업에 맹렬한 기세로 확산되어 갔다.

미국에서는 전쟁 중에 이것이 큰 성공을 거두어, 전후에도 FEAF(Far East Air Force) 방식으로서 미극동 공군이 일본인 노무자를 고용할 때 그 감독관들이 그대로 적용했다고 알려져 있다.

그렇지만 전시중이라는 비상시에 고안해 낸 것인 만큼 이 수법에는 인간을 확일적으로 생각하는 이른바 인간기계화 사상이 밑바닥에 흐르고 있는 것도 부정할 수 없다. 요컨대 이것은 능률적으로 일에 봉사시키기 위해 인간의 능력은 동일하다는 상정하에서 고안된 조직 원칙인 것이다.

이것이 전후의 일본기업에 도입되어 확산되어 간 것은 미국 일변도의 풍조와 급속 성장 지상주의의 경제사정, 아직 빈곤했던 사회정세 등을 배경으로 해서 그 무렵 일본인의 눈에는 정말로 훌륭한 관리수법으로 비춰졌기 때문이었을 것이다.

사실 이 사고방식은 시류에 적응을 하고 그 나름대로 성과를 올리고 있었다. 그런만큼 아직도 연배자 가운데는 MTP형 원칙이야말로 조직의 원칙이라고 단정하고 있는 사람들이 적지 않은 것 같다.

MTP의 조직 원칙은, ① 지령계통 통일의 원칙——자신에게 명령을 내리는 상사는 한 사람뿐이고 부하는 상사의 명령에 의해서만 일을 한다. ② 동질적인 작업할당의 원칙＝단순화ㆍ표준화된 일을 부과하는 것이 능률이 오른다. ③ 3면 등가(三面等價)의 원칙＝권한과 의무와 책임의 크기는 똑같다. ④ 통제한계의 원칙＝인원수, 거리 등의 조건에 따라서 통제에는 반드시 한계가 있으므로, 거기에 따라서 부하의 수를 결정할 필요가 있다. ⑤ 예외처리의 원칙——상급자가 되면 될수록 그 직무는 부하가 할 수 없는 예외로 압축해야 한다——는 5가지 요점으로 성립되고 있다.

이러한 것은 언뜻 보기에 지금도 통용이 되는 것 같고 대단히 이론적인 것처럼 보이는데 현실적인 문제로서는 전혀 통용될

수 없는 과거의 유물이 되고 말았다는 것을 재인식해 주기 바란
다.

유물이 되고만 근본원인으로서는, ① 인간성 존중시대에 맞지
않는다. ② 고소득, 고교양시대에 맞지 않는다. ③ 시류의 변화에
적응할 수 없다는 등의 이유를 들 수 있을 것이다.

내가 이미 유물이 되고만 수법을 여기에서 특별히 거론하는
것은 조직운영에는 MTP형밖에 없다고 생각하는 사람이 오늘날
의 경영자층과 관리자층에 아직도 대단히 많은 것 같이 생각되기
때문이다. 감히 경종을 울리는 바이다.

74. 동시처리형 인간으로 변신하라

인간은 언제나 더욱 인간답게 되기를 추구하고 있다. 더욱
인간답다는 것은 '더한층 자기실현과 자아의 충족'이라는 말로
바꾸어서 말할 수도 있을 것이다.

그림은 인간의 욕망추구의 방향을 제시한 것이다. 인간이 환경
을 조성하고 환경이 거기에 따라 행동을 하게 되며, 행동이 또
인간을 만든다. 그리고 행동은 동(動)과 정(静)의 반복을 통해서
보다 인간다움의 추구로 인간을 몰아간다. 이렇게 해서 가능한
한 빨리, 더욱 인간다움을 획득하려고 하는 노력이 인간을 진화

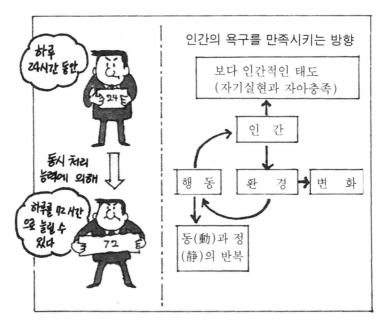

의 방향으로 이끌게 된다.

　이상이 그림의 간단한 설명인데, 자기실현과 자아의 충족을 가능한 한 빨리 최단시간에서 획득하려고 생각한다면 업무 그 자체를 인생목적으로 바꾸어 놓는 것이 가장 지름길일 것이다. 요컨데, 업무가 괴롭다거나 귀찮은 것이라고 생각하는 것이 아니라, 일 가운데에서 인간으로서 추구하고 싶은 욕구 그 자체를 만족하는 것이다. 일과 취미, 일과 삶의 보람이 일치하지 않으면 물론 그것은 가능한 일이 아니다.

　일반적으로 '일은 고통스러운 것이다.', '일은 금전을 획득하기 위한 하나의 수단이다.', '일은 그것이 끝난 뒤의 레저를 즐기기 위한 것이다.'라고 하는 사고방식의 소유자가 적지 않은데, 이렇게 되면 작업 중에는 언제나 자신을 계속 기만하지 않을 수 없게 될 것이다. 업무를 통한 자기실현 따위는 도저히 불가능하다.

오늘날은 대단히 바쁜 시대이다. 계속 증가하는 새로운 지식, 더욱 더 고도로 진보를 계속하는 기술, 범람하는 정보, 시대에 적응하고 보다 더 잘 살기 위해서는 그러한 것들을 끊임없이 흡수해 나가지 않으면 안된다. 하루가 몇시간이라도 모자랄 정도이다. 그렇다면 우리에게 요구되는 것은 일을 동시에 처리할 수 있는 능력일 것이다.

가령 3가지 일을 동시에 처리하면 하루 24시간을 72시간으로 늘려서 쓸 수가 있다. 또 이와 같이 2가지, 3가지를 동시에 처리하고 있으면, 일도 취미도 오락도 어느새 동일화 되고 마는 메리트도 생기게 된다.

동시처리 능력은 훈련으로 몸에 익힐 수가 있다. 처음에는 의식적으로 노력해 보면 된다. 예를들면 2개의 TV를 동시에 보고 그 다른 내용을 이해하는 아이들이 요즘 늘고 있는데 이런 아이들을 모방해 보는 것도 하나의 훈련이 된다. 또는 사람들이 모이는 곳에서 몇 사람이 얘기하고 있는 것을 가능한 한 많이 들어 두는 것도 좋다.

이와 같은 훈련에 따라서 동시처리 능력이 몸에 붙게 되면 지식이 늘고 경험이 늘어 룰화(규격화) 능력이 생기고, 일을 할 수 있으며, 따라서 일에 흥미와 보람을 느낄 수 있게 된다. 아무쪼록 동시처리형 인간으로 변신하도록 노력하기 바란다.

75. 인간의 성장을 위한 4가지 조건

인간의 성장은 새로운 지식의 흡수와 경험의 축적에 따라서 보증된다. 성장기처럼 지식에 대한 욕구가 왕성한 연대일수록 저항없이 탐욕적으로 그러한 것에 도전을 할 수가 있으나 나이가 들게 되면 육체적으로나, 정신적으로 그러한 것을 수용할 수 없게 되고, 성장이 멈추게 된다. 이것을 노화라고 한다.

성장에 대한 도전——그것을 지속할 수 있는 사람일수록 그 과정에서 얻은 경험과 지식의 풍부함에 따라서 더욱 거시적인 규범을 만들어 낼 수 있는 가능성이 부여된다. 그것은 인생의 승리를 한 걸음 한 걸음 개척해 나가는 것과 같은 것이다.

사람이 그 생애를 경쟁의 소용돌이 속에서 지내지 않을 수 없다면 거기에서 승리하고 살아남기 위한 결정적인 핵심은 자기 자신의 성장 이외에 없다.

그러면 어떻게 하면 성장할 수 있는가, 어떻게 더 많은 지식과 경험을 자기의 것으로 만들 수가 있을까, 나는 다음의 4가지를 독자에게 권하고 싶다.

(1) 가능한 한 충격적인 장소에 자기 자신의 몸을 내던지는 것이다. 모르는 일, 진귀한 일이 있으면 가급적 그곳에 뛰어 들어가 본다. 그곳에는 대체로 커다란 충격이 있다. 그 충격을 극복했

을 때 급속도로 지식과 경험이 늘고 눈에 띄게 사람은 성장한
다.

　(2) 색다른 커뮤니케이션의 장소로 가능한 한 뛰어드는 것이
다. 커뮤니케이션의 발달이 얼마나 인간사회의 발달에 기여해
왔는지는 새삼스럽게 말할 필요조차 없을 것이다. 그것은 개인의
진보에 있어서도 마찬가지이다. 커뮤니케이션이 확산되지 않는
곳에 인간의 진보는 없다.

　(3) 가능한 한 자신을 객관화 해서 보는 것이다. 객관화 해서
보면 자신에 대한 과대평가가 없어지고 남의 의견도 고분고분
잘 들을 수 있게 된다. 즉 경험하게 된다는 것이다. 그렇게 되면
자기 자신의 지식과 경험에 남의 지식과 경험도 플러스가 되므로
보다 더 큰 성장의 길로 나아갈 수가 있다.

　(4) 성공한 사람들의 모방을 가능한 한 해보는 것이다. 성공한
사람에게는 다음과 같은 공통적인 패턴이 있으므로 참고하기

바란다. ① 반드시 메모를 하는 버릇이 있다. 더구나 그 뒤의 정리에서도 연구의 흔적을 볼 수 있다. ② 시간관리가 능숙하다. ③ 자필의 편지를 자주 쓴다. ④ 올라운드 맨이다. ⑤ 실천력이 풍부하다. ⑥ 과거에 얽매이지 않는다. ⑦ 타인과의 인간관계에서 사교력이 뛰어나다. ⑧ 플러스 발상형 인간이다. ⑨ 겸허하다.

이상의 4자지 과제에 부디 도전해 주기 바란다. 이러한 것은 이미 그 정확성이 실증된 것 뿐이다. 어쨌든 믿고 노력해 보는 것이다. 틀림없이 인간으로서 크게 성장될 것이다.

76. 번창하는 기업에 공통된 4가지 조건

조직에는 유연성이 필요하다. 그것은 많으면 많을수록 좋다. 비상시에는 비상시에 걸맞게, 평상시에는 평상시에 걸맞게, 유연성을 지니고 변화에 적절하게 대응할 수 있는 것이 가장 좋은 조직의 근원적 모습이라고 할 수 있다.

그런 의미에서 조직에 있어서 매뉴얼이라던가 규범은 적으면 적을수록 좋다. 그것은 무엇보다도 조직을 경직화 시키는 요인으로 연결되기 때문이다.

만일 독자가 '조직을 만드는 것은 규범을 만드는 것이다.' 이같은 사고방식을 지니고 있다면 지금 곧 그와 같은 생각을 버리기 바란다.

하물며 지금은 인간성의 시대, 인간 능력의 시대이다. 조직에 요구되고 있는 것은 종업원의 '하겠다는 의욕'과 '창의'를 이끌어 내는 것과 같은 유연한 체질이고, 경직성이나 형식성이 요구되는 것은 아니다.

번창하는 기업에 공통적인 조건을 업무상으로 규범화시켜 본 일이 있는데 그 모두가 이른바 인적 조건으로 집약된 것이었다. 아래에 말하는 4가지 조건이 그것이다.

(1) 번창하는 기업의 종업원은 어떤 업무를 주더라도 그 일을 성공시키는 플러스 요인을 열심히 찾아낸다. 그리고 자신감을 가지고 대처해 나간다. 거기에 반해서 번창하지 못하는 기업의 종업원은 실패하는 마이너스 요인만을 이상하게 잘 찾아낸다. 그리고 자신을 잃고 처음부터 회피하려고 하거나 저자세를 취한다.

(2) 번창하는 기업은 고객을 대하는 제일선의 사람들을 가장 소중하게 다룬다. 제일선에 있는 사람들의 의견은 곧바로 최고경영자에게 전달되고, 곧 거기에 대응할 수 있도록 조직이 구성되어 있다. 이것만으로도 제일선에 있는 사람들의 '의욕'은 발휘된다. 거기에 반해서 번창하지 못하는 기업은 위에서 밑으로의 일방통행이 많고 고객을 대하는 제일선보다도 본부나 상품부 쪽이 결정권을 지니고 있다.

(3) 번창하는 기업의 종업원들은 원가의식과 이익에 대한 의식을 강하게 지니고 있다. 그 때문에 종업원 각자가 제각기 계획을 짜고 실천하면서 조정하는 능력을 몸에 익혀가고 있다. 거기에 반해서 번창하지 못하는 기업에서는 종업원의 샐러리맨 의식이 강한 반면, 원가의식과 이익에 대한 의식이 적고, 자주성

이 부족하다.

(4) 번창하는 기업은 현상에 긍정적이다. 현상에 새로운 것을 부가하고 가능한 한 경비를 들이지 않고 서서히 시류에 적응해 나아간다. 거기에 반해서 번창하지 못하는 기업은 현상에 부정적이다. 머리속에서 이론을 짜내고 공상적(空想的)인 이상만을 그리면서 현상을 180도 전환시키려고 시도하다가 결과적으로 실패한다.

이상의 4가지 조건은 모두 실태를 규격화 한 것이다. 그 대부분이 인간에 관한 것 뿐인데, 그것은 현대사회가 얼마나 인간 능력의 시대인가를 입증하는 것이기도 한 것이다.

77. 기업 경영의 목적과 재무전략

'경영의 결과는 재무(財務)이다'라는 말이 있는데, 사실상 기업 내용과 경영 내용은 결과적으로 재무제표에 뚜렷이 나타나게 된다. 그런데 재무전략이란 자금의 조달·운용·분배 및 밸런스에 대한 방침과 방향 설정이라는 관점에서 본다면 경영의 결과만이 재무는 아니고, 경영의 시작도 재무라고 말하지 않으면 안된다.

알기 쉽게 말하자면 수익계획(收益計劃) 그 자체가 이미 재무전략인 것이다. 수익을 고려하지 않는 경영은 있을 수 없다. 그것은 바로 재무전략이 없는 경영은 있을 수 없다는 것이기도 한 것이다. 즉, 일반의 기업경영은 투자에 대한 수익의 추구를 재무전략의 중요 포인트로 삼지 않으면 안된다는 것이다. 그런데 기업경영에는 ① 교육성 등, 사회 공공성의 추구, ② 안정성의 추구, ③ 성장성의 추구, ④ 수익성의 추구라고 하는 4가지 목적이 있다. 그 가운데서도 중요한 것은 사회공공성의 추구와 수익성의 추구인데 이 두가지를 재무전략이라는 면에서 받아들이면 어떻게 될까.

소매업을 예로 들어 간단하게 설명하려고 한다.

(1) 사회공공성의 추구

보다 많은 고객이 기뻐하도록 목표를 설정하는데 사회공공성의 추구가 있다. 그것은 일반적으로 매상으로서 되돌아오게 되는 것이지만, 매상고는 고객수×고객 단가로 결정된다. 또 이미 말한 바와 같이 힘에 걸맞게 1등이 될 수 있는 상권, 취급품목, 고객층을 선택하는 것이 중요한 마케팅의 원칙이다. 이 경우, 더욱 힘을 기르기 위해서는 우선 취급 품목을 증가시키고 이어서 고객층, 마지막으로 상권을 확장해 나가는 것이 올바른 것으로 알려져 있다.

이상과 같은 점에서 사회공공성의 추구는 자기 기업의 체질에 맞추어서 고객단가, 고객수, 취급 품목 등의 증가를 어떻게 도모하느냐 하는 문제가 재무전략면에 반영되지 않으면 안된다는 것을 알 수 있게 된다.

(2) 수익성의 추구

재무전략을 세우는데 있어서 반드시 고려해야 할 것은 '매상,

매출이익, 순이익 추구의 사이클 원칙'이다. 예를 들면 새로운 점포를 개설한 경우, 그 점포는 처음에 초기의 매상 목표에 도달하기 까지는 철저하게 매상을 올리는 일에 전념해야 하는 것이다. 그리고 매상이 목표에 도달했을 때는 목표하는 매출이익 확보를 위해 전력을 기울이는 것이다. 순이익 확보를 위한 여러가지 방책은 그 뒤에 강구하면 된다.

이렇게 해서 소정의 순익이 확보되고 여유가 생겼을 때는 신규 투자를 하든가 더욱 매상 증가로 나아가든가 하는 새로운 방향설정이 이루어진다. 결과적으로는 다시 매상·매출이익·순익의 순으로 추구해 나가게 되는데, 이것을 사이클적으로 되풀이 하는 것이 올바른 방법이라고 말할 수 있다. 수익성의 추구도 이 사이클의 원칙에 입각해서 생각하지 않으면 안된다. 그 기본적인 룰에 관해서는 다음에서 기술하기로 한다.

78. 매출 이익에 관한 재무상의 주요 룰

소매상에 관해서는 재무상 여러가지 재미있는 룰이 발견되고 있다. 그 가운데 하나는 매출이익금을 주체로 한 룰인데, 그 가운데서도 다음의 식으로 표시되는 룰은 그 기본이라고 해도 좋다.

$$\frac{\text{순이익(세전)} + \text{노동비}}{\text{매출이익금}} \fallingdotseq \frac{56}{100}$$

매출이익금을 100으로 했을 때 순익과 노동비의 합계는 약 56이 된다는 것이 위 공식의 의미이다. 물론 이 공식은 차입금이 많은 일본의 기업적인 소매업의 일반적 수치이고 차입금이 제로인 경우는 이렇게는 되지 않는다. 일반기업에 있어서는 차입금은 매출이익금과 동등하고 차입 금리는 매출이익의 10%라는 것이 상식이므로 차입금이 없는 경우에는,

$$\frac{(세전)수이익 + 노동비}{매출이익금} = \frac{66}{100}$$

이와 같은 식이 성립할 가능성이 많다.

매출이익에 대한 순익의 비율을 순익분배율, 노동비의 비율을 노동분배율이라고 하는데, 일반적으로 순익분배율은 20%가 적정한 것으로 생각되고 있다. 그렇다면 차입금이 없는 회사에 있어서, 노동분배율은 46%까지 가능하고 차입금이 있는 회사에서는 36%가 안전하고 올바른 경영을 하기 위한 노동분배율의 허용한도라고 할 수 있다. 이밖에 예를 들면 '일반소매점에서 감가 상각액은 매출이익금의 2~5%, 부동산 비용은 매출이익금의 15~22%, 그밖의 경비는 7~17% 정도가 된다'는 것 등도 하나의 상식으로서 기억해 두는 것이 좋다. 그렇게 하면 가령 쇼핑센터에 테넌트 개점을 하는 경우에도 이를테면 부동산비 (보증금이나 권리금의 금리, 그리고 연간임차료의 합계)에 관해서는 그 점포에서 올릴 수 있는 매출이익금의 15~22%로 억제하지 않으면 안된다는 식으로 목표가 뚜렷하게 수치로 파악되면 알기 쉽고 또 노력을 하기 쉽게 된다.

부동산비가 그 이상의 비율이 되면 테넌트측은 이익을 남길 수 없고, 그 이하라면 디벨로퍼측으로서는 임대료 인상의 요구도 가능하게 될 것이다.

소매업에서 매출 이익에 관한 주요 룰을 아래에 정리해 보자.

① 매출 이익금을 100으로 했을 때, 노동비와 순이익과 차입금 리의 합은 약 66이 된다.

② 차입금은 그 기업의 연간 매출 이익금의 범위 내에서 억제 해 두어야 한다.

③ 세전 순이익은 매출 이익금의 20％이상이 필요하다.

④ 노동 분배율은 보통의 기업적 소매업이라면 35～40％, 생업 적 소매업에서도 40～46％이하로 억제하는 것이 올바르다.

⑤ 테넌트 개점인 경우, 부동산비가 그 점포에서 연간에 올릴 수 있는 매출 이익금의 22％를 넘으면 건전한 경영이라고는 말할 수 없게 된다.

79. 투자 효율과 매출 이익에서의 룰

수익성이란 다시 말해서 투자 효율이란 뜻이다. 우선 다음
의 식을 보기 바란다.

$$\frac{(연도 \ 말 \ 사용 \ 총자본 - 연도 \ 초 \ 사용 \ 총자본) = 순이익}{연도 \ 초 \ 사용 \ 총자본}$$

$$\times 100 \ \rangle \ 연간 \ 차입금리$$

요컨대 수익성을 고려해서 사용총자본 순이익율은 적어도
매년 10 % 이상 목표를 하지 않으면 안된다는 것을 이 식에
서 이해하길 바라는 것이다. 알기 쉽게 설명하기 위해 소매
점을 예로 들자.

지금 새로 소매점을 개점했다고 가정하고 그것을 위한
자기환산(自己換算)투자액(토지·건물·설비 등을, 리스와
임차한 경우도 포함해서 모두 자기 비용으로 투자한 것으로
환산한 금액)을 A엔으로 한 경우, 이상적인 순이익은 초년
도에서 A / 10엔, 그 뒤에는 복리계산 하면 될 것이고, 그
연도 초의 자기환산 사용 총자본의 1/10 이상의 확보를
목표로 해야 할 것이다.

세금 공제 후, 순이익은 세전 순이익의 약 50 %에 미달하
는 것으로 하고, 감가상각비가 매년 세금 공제후 순이익의

20~50% 정도는 되는 것이 상식이므로 캐시플로(Cashflow
: 세금 공제 후 순이익과 감가상각비의 합계＝기업이 경영을
통해서 창출한 실제상 사용 가능한 이익)로 보면 10년간에
그 합계액은 최초의 자기환산 투자액이 A엔에 달한다. 이것
이 이상적인 것이다.

요컨대 '보통 경영자가 소매점 경영을 하는 경우, 캐시플
로의 10년간 분은 최초의 자기환산 투자액과 같게 된다'고
하는 투자의 10년간 회수설은 이상적으로 말하면 올바르다
고 해도 좋다. 따라서 투자 효율로 볼 때, 10년 이상 지나지
않았는데도, 캐시플로로 최초의 자기환산 투자액에 못미치
는 것과 같은 경영은 상식적으로 말해서 재무전략상 어딘가
잘못이 있는 것으로 생각해야 할 것이다. 그러나 현재의
소매업에서는 투자의 10년간 회수설 등을 무시하고 20~3
0년 회수의 재무전략을 세우지 않으면 안되게 되어 있다.
이것은 소매점 경영이 이제는 시류에 맞지 않는다고 말하지
않으면 안된다.

다음에 이 투자효율의 문제에서 매출이익을 생각해 보
자. 앞 항에서도 쓴 것처럼 순이익분배율(매출 이익에 대한
순이익의 비율)은 20%가 적정한 것이다. 반대로 말해서
매출 이익은 순이익의 5배가 적정이라는 것이다. 따라서
초년도의 자기환산 투자액을 A엔으로 하면 A/10엔의 순이
익을 목표로 하는 것이므로 초년도의 매출 이익금으로서는
그 5배인 A/2엔이 필요하다는 것이 된다.

따라서 나는 신규 개점의 지도를 부탁받게 되면, ① 우선
자기환산 투자액인 A엔을 산출하고, ② 이어서 초년도의
매출 이익금이 A/2엔이 되는지의 여부를 계산하고, ③ 매년

이것이 착실하게 10% 이상 신장할 수 있는지를 생각했다. 이 3가지 점에 있어서 확실한 전망이 서고 재무전략상 수입·지출·자금융통면에서 충분히 경영이 가능하다고 판단이 되었을 경우, 비로소 'Go!' 사인을 내보내기로 했던 것이다. 그러나 오늘날에는 이미 이와 같은 일은 불가능하다. 이제부터는 초1등 점포가 아닌 한 소매점의 신규 개점은 충분히 고려하지 않으면 안된다.

80. 투자에 관한 3가지 형태

기업의 차입 금액은 그 기업이 창출하는 연간 부가가치액의 ⅓이 적정하다는 것이 서구식의 사고방식인데, 일본에서는 연간 부가가치액과 거의 같은 액수의 차입금까지가 적정한 것으로 되어 있었다.

나도 이 사고방식에 이의는 없었다. 부가가치는 매출 이익으로 생각되기 때문에 일본에서는 '차입한도는 연간 매출이익금까지가 적정하다'고 바꾸어서 말할 수도 있었다.

인플레 기조, 확대 기조인 일본 경제의 특성과 자금융통이나 신용경제의 운영에 이상할 정도의 재능을 발휘하는 일본인의 특성을 고려에 넣는다면 구미와 일본과의 위와 같은 차이는 충분히 납득할 수가 있었다.

그런데 시류는 크게 변했다. 물건은 팔리지 않는다. 인플레는 없다. 돈이 남아돈다. 보통의 경우, 초기 투자액의 10년 내 캐시플로에 의한 회수는 불가능하게 되었다. 이러한 사실들이 투자와 차입금 한도에 대한 사고방식을 혼란에 빠뜨린 것을 부정할 수 없는 것이다.

그래서 나는 일반적인 혼란을 완화하는 의미에서도 투자에 관한 형태를 A형, B형, C형의 3가지로 나누어서 정리하고 다음과 같이 룰을 만들어 보았다.

① A형＝기업이 시류에 적응하고 동시에 1등이었을 때 취할 수 있는 투자형태이고, 차입금 한도는 연간 매출이익금 이상, 그 정도는 수익성과의 연관으로 결정되고, 캐시플로에서의 회수 연한은 10년 이내이며, 이것이 짧으면 짧을수록 차입금 한도도 증가한다. 일시적 또는 투기적 투자라고 말할 수 있다.

② B형＝기업이 시류적응 업종이면서 1등 이외의 경우거나, 시류부적응 업종이라도 1등의 경우에 걸맞는 투자형

투자 업태	차입한도	회수연한 (캐시플로)	투자형태
시류적응 이고 1등 인 경우	연간 매출 이익 이상	10년 이내	일시적·투기 적 투자 A형
시류적응이 고 1등 이외 인 경우	연간 매출 이익금까지	10년	기업적 투자 B형
시류 부적 응이고 1등 인 경우			
시류 부적 응이고 1등 이외인 경우	연간 매출 이익의 ⅓까지	20년	취미적 투자 C형

투자의 3가지 형태

시류에서 볼 때 B형이나 C형!

태이다. 차입금 한도는 연간 매출 이익금까지이고 캐시 플로에서의 회수 연한은 10년. 이것을 기업적 투자라고 불러 두자.

③ C형＝기업이 시류부적응 업종이고, 그리고 1등 이외인 경우의 투자형태이며, 차입금 한도는 연간 매출 이익의 ⅓까지. 캐시플로에 의한 회수 연한은 약 20년. 취미적 투자라고 하면 좋다.

이상의 3가지 투자 형태 가운데 세상의 움직임을 고려하면 A형 투자가 앞으로 그다지 활성화 되지 못한 것으로 생각된다. 아마도 B형이나 C형 투자가 기조가 되는 시대로 되어 갈 것이 다.

물론 이것은 A형 투자가 전혀 불가능하다는 뜻은 아니다. 투자

효율의 사고방식으로 보면 이것은 아직 충분히 가능하다. 소매업과 관계없이, 이제까지의 급속성장 기업이 모든 분야에 있어서 반드시 A형 투자를 중점적으로 해 왔다는 사실을 잊어서는 안될 것이다.

재무전략으로서 이상과 같은 점을 충분히 고려해 두지 않으면 안된다.

81. 자금조달 전략으로서의 최고 안전주의

경영자의 가장 중요한 일은 인재의 채용과 육성 그리고 자금의 조달이라고 일반적으로 말한다. 경영에 있어서 자금이 차지하는 비중은 그만큼 크다. 자금이 없이는 경영은 불가능하다. 기업은 어떠한 일이 있더라도 자금 조달의 미숙때문에 도산하는 것과 같은 일이 있어서는 안된다.

모든 것을 자기 자금으로 공급할 수 있는 초우량 기업이라면 몰라도 대다수의 기업들이 차입금을 비롯한 타인자본의 활용없이 경영을 한다는 것은 우선 불가능하다. 이것은 사회, 금융구조가 그렇게 되어 있으므로 어쩔 수 없다.

결국 자금 조달력이 경영의 결정적인 핵심이 될 수 있는데 그 능숙, 미숙은 돈을 빌리는 방법, 타인자본의 이용방법, 자기자

본의 축적방법 등으로 나타나게 된다.

자금 조달전략의 제1원칙은, 최고 안전주의(安全主義)이다. 그것은 어떠한 경우가 있더라도 자금을 앞당겨 쓰는데 어려움이 생기지 않는 자금원을 충분히 확보해 둘 것. 즉 최악의 경우라도 필요한 자금 조달을 가능하게 해 두는 것이다.

나는 고문으로 있는 기업에 대해서 반드시 힘에 걸맞는 주거래 구매처와 힘에 걸맞는 주거래 금융기관을 선정하도록 한 다음 그들과의 사이에 끊임없이 최악의 경우의 약속을 교환하도록 권하고 있다.

주거래 구매처에 관해서 말한다면, 경영이념이 완전히 일치하는 것이 좋고, 더구나 힘이 있는 거래처를 잘 선택하고서,

"만일의 경우에는 여러분 주거래처에서 1개월간 어음결제를 기다려 주실 수 있겠습니까. 물론 재무내용은 언제나 100 % 공개해 두겠습니다. 그밖에 가능한 한 어떤 조건에도 응하겠습니다. 운명공동체로서 거래를 해주시면 어떻겠습니까?"

이런 식으로 약속을 구하는 것이다. 기업이나 점포의 신용이 이때문에 실추하는 일은 우선 없을 것이다.

이렇게 해서 대규모의 거래처인 3, 4개 회사가 지지를 보내주고 전력투구를 해주면 경영상 모든 면에서 유리하게 전개될 것은 틀림 없다.

주거래 금융기관에 대해서도 마찬가지이다.

① 자신과 잘 어울린다. ② 친구처럼 상담에 응해 준다. ③ 영원히 거래가 가능하다 ④ 예대율(預貸率)의 밸런스가 좋고, ⑤ 처리가 빠르다. ⑥ 다른 금융기관의 이용에 대해서도 적절한 어드바이즈를 해주는 금융기관이다.

이와 같은 일들이 주거래 금융기관 선정의 조건이 될 것이다. 그리고 이러한 주거래처에 대해서는 '장기간의 자금운용 계획은 물론이고 영업상태와 인사문제까지 100％공개할 것이므로 저희 회사의 재무담당 중역이 되신 기분으로 거래해 주십시요. 만일의 경우에도 잘 부탁드리겠습니다.' 하고 다짐을 해 둔다.

최고의 안전주의자로서는 이것이 중요한 것이다.

82. 자금 조달은 상식주의로 하라

자금 조달전략에 있어서 비상식주의나 기습법(奇襲法)은 가장 졸렬한 방법이다. 도저히 어쩔 수 없는 긴박한 경우에 취하는 것이 이러한 방법인데, 자금 조달은 될 수 있으면 누가 보아도 긍정할 수 있는 방법을 택하는 것이 좋다. 즉, 상식주의로 나가야 하는 것이다. 다음의 5가지가 자금 조달에 있어서 상식주의라고 할 수 있을 것이다.

① 국민은행, 중소기업은행 등, 공공 금융기관과 그밖의 제2 금융기관의 유리한 대출제도를 우선적으로 이용해야 한다.

② 외상매출 대금의 회수 불능은 자금 조달상 커다란 마이너스가 된다. 따라서 외상매출 대금의 회수에는 전력을 다하지 않으면 안된다. 회수 불능을 줄이기 위해서는 거래처에 대한 철저한 조사가 필요하다. 만일 운이 나쁘게 회수 불능이 발생했을 때는 당황하지 말고 대책을 세울 수 있도록 평소부터 준비를 해두어야 할 것이다.

③ 지불은 깨끗하게 기분좋게 해야 한다. 어음결제는 가장 확실하게 하지 않으면 안된다. 또 막상 지불할 때가 되어 금액을 깎거나 일부만 지불하고 한때만 모면하려고 하거나 하는 것은 그때는 득이 된 것 같지만 결국은 '신뢰성을 잃는다'는 형태로 최대의 손실을 입게 된다.

④ 예로부터 '사금융과 탈세, 두가지에는 무슨 일이 있어도 손을 대서는 안된다'는 말이 있다. 이것은 바른 말이다. 그어느 쪽에도 손을 대서 화제에 오르기라도 하는 날에는 모든 자금조달원을 잃게 되고 말 것이다. 뉴스가 흘러나가는 순간 정규 금융기관을 비롯한 자금조달원은 자금회수에 착수하기 때문이다. 따라서 금전적으로나 신뢰적으로나 커다란 손실을 입고 꼼짝 못하는 처지가 되고 말 것이다.

⑤ 환금성(換金性)이 없는 것에 대한 투자는 일정기준 이상은

하지 않는 것이 좋다. 아무리 가치가 있는 것이라도 팔리지 않으면 자금융통에 보탬이 되지는 못하는 것이다. 그것이 고정자산에 대한 투자일지라도 또 설사 부동산 가격이 한창 올라가고 있는 중심지라도 거의 거기에는 찬성하기 어렵다. 이유는 자기자본 비율이 낮고, 자금융통이 원활하지 못한 체질을 지닌 오늘날의 기업에 있어서 그것이 자금조달 전략상 마이너스의 요인이 될 가능성이 높기 때문이다.

이상의 다섯가지 즉 ① 유리한 대출제도의 이용, ② 사전 거래처 조사로 자금의 회수불능을 줄이고, ③ 지불은 깨끗이, ④ 정상적인 자금조달 방법으로, ⑤ 자금의 유동성을 제1로 생각하고 자금 조달 계획을 세우는 것이 바로 여기에서의 상식주의인 것이다.

83. 자금운용 전략의 포인트

이미 말한 바와 같이, 재무전략이란 자금의 조달·운용·분배·밸런스를 유기적으로 조화시켜 경영목표 달성을 위해 봉사하게 하는 전략이다. 여기에서는 그 가운데 자금의 운용에 관해서 약간 언급해 두기로 한다.

우선 정의(定義)부터 설명하기로 하자.

① 자금이란=사업목적의 효과적인 달성을 위해 계획적으로 투입되는 돈을 말하는 것이다.

② 투자란=기업의 사회적 목표와 수익목표를 달성하기 위해 그 기본적 조건으로서 자금을 투입하는 것이다.

③ 자금운용이란=투자를 효과적인 것으로 하기 위해 자금을 활용하는 것이다.

그런데 자금운용에는 무엇보다도 우선 자금 계획이 필요하다. 이 자금 계획의 필요조건으로서는 ① 증자의 필요성과 가능성, ② 장기자금의 파악, ③ 단기자금의 움직임, ④ 거래관계의 움직임——의 4가지를 들 수 있는데, 가령 점포 개발을 예로 들어서 이것을 생각하면 어떻게 될까. 거기에는 다음과 같은 여러가지 점을 명확히 해두지 않으면 안된다.

① 상권, 경쟁상태에서 본 입지와 경영 규모의 책정.

② 가능 매상고, 매출이익금, 장래성 등으로 본 한계 투자액의
   결정.

③ 부분별 매상고, 상품 회전 등, 영업 숫자의 추정.

④ 토지·건물·기계설비 등의 구입 가격 또는 임대 가격의
   심사.

⑤ 조직 인재상의 배려와 노동분배율에 대한 고려.

⑥ 영업용 비용, 영업외 손익에 대한 계산.

⑦ 각종 경영 효율에 대한 고찰.

⑧ 자금운용과 자금융통, 손익에 대한 배려.

이상의 8가지인데, 결과로서는 10년 정도 앞을 내다 본 모든
경우(최선, 보통, 최악)를 예상하고 자금면, 운용면에 무리가
없는지 어떠한 타이밍이 필요한지를 판단하고 안심할 수 있는
기본적 조치를 명백히 해두는 것이다.

자금운용은 이와 같이 경영전반 특히, 마케팅전략과 밀접하고
불가분의 관계에 있다. 따라서 자금운용면에서의 필요한 여러가
지 원칙은 재무상의 특색과 함께 마케팅전략과의 연관성으로
이해하지 않으면 안된다.

　재무전략이란, 견해를 달리하면 자기 회사의 경영이념을 항목과 수치로 바꿔 놓은 것이라고 말할 수도 있다. 그것은 당연히 자금의 조달이나 운용면에도 나타난다. 따라서 그러한 것에 얽힌 재무상의 여러 원칙을 안다는 것은 필요불가결한 것이라고 하지 않을 수 없다. 재무를 모르고 경영을 한다는 것은 나침판도 없이 대양을 항해하는 것과 같은 것이라고 이해하기 바란다.

84. ABC 분석에 있어서 1 : 2 : 2의 원칙

　여기에서 ABC 분석에 대해서 설명하기로 한다. 우선 그림 A를 보기 바란다. 이 그림은 가로 축(軸)에 a, b 등 요건 항목을 배치하고, 세로 축의 누적 백분율에 따라서 파레트 곡선을 그린 것이다.

　알기 쉽게 하기 위해 요건 항목을 거래처라고 가정하자. 우선 구매처를 구매액이 많은 순으로 가로축에 따라 좌에서 우로 늘어 놓는다. 다음에 각 구매처로부터의 구매액을 전체의 구매액을 100으로 한 퍼센트로 표시하고, 그 누적된 비율을 세로축으로 잡아 나간다.

　그림 B를 보자. 예를 들어 구매선 a에서 전체 구매액의 10％를 구매한다면 a의 세로축상의 10％ 위치에 점을 찍는다. 다음에

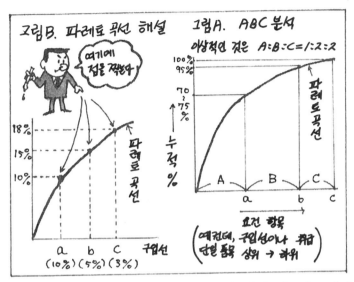

구매선 b에서 5％를 구매한다면 b의 세로축 상의 a와 b의 누적된 비율(10＋5) 15％의 위치에 점을 찍는다. 그리고 구매처 C에서 3％를 구매한다면 똑같이 누적된 비율(10＋5＋3＝) 18％의 위치에 점을 찍어 나간다. 이렇게 해서 또 점을 찍고 마지막으로 그 점을 연결하여 완성된 것이 그림 A와 같은 파레트 곡선인 것이다.

이 경우, 그림으로도 알 수 있듯이 요건항목 가운데 누적 백분율이 70～75％ 이내에 있는 부분을 A분야, 70～75％ 이상에서 95％이하 사이의 20～25％의 범위에 있는 부분을 B분야, 나머지 5％의 범위에 있는 부분을 C분야라고 한다. 이와 같이 요건항목을 ABC 3개의 분야로 나누고 이상적인 기준에 따라서 그 배분을 점검하려고 하는 것이 요컨대 ABC 분석이라고 해도 좋다.

그러면 이상적인 기준이란 무엇인가. 그것은 ABC에 제각기 포함된 요건 항목수의 비례가 대략 1 : 2 : 2가 된다는 것이다.

이것을 ABC 분석에 있어서 '1 : 2 : 2의 원칙'이라고 한다.

구매처를 예로 들어보면 상위 20%의 구매선(A)에서 전체 총구매액의 70~75%에 달하고 다음 40%의 구매처(B)에서 총구매액의 20~25%, 그리고 나머지 40%의 구매처(C)에서 전체의 5%의 구매액을 차지하도록 하는 것이 이상적이라고 할 수 있다.

요건 항목을 취급 품목으로 한 경우에도 조건은 변하지 않는다.

매상상위 20%의 품목 (A)에서 전체의 70~75%의 매상, 다음 40%의 품목 (B)에서 20~25%의 매상, 나머지 40%의 품목 (C)에서 5%의 매상을 올리도록 하면 좋다는 것이다.

이 경우, A분야를 '주력상품', B분야를 '준주력상품', C분야를 '기타상품'과 같이 구분할 수 있는데, '주력' '준주력' 기타 상품의 원칙에 관해서는 이미 언급을 했다.

ABC 분석에서 '1 : 2 : 2의 원칙'을 알 수 있게 되면 자금융통에서 부터 품목과 구매처 대책을 세우는데 있어서도 편리하다.

자금 운용에 뒤따르는 분배라던가 밸런스 전략의 하나로서 꼭 이해해 주기 바란다.

85. 4가지 의사 결정법과 재무

일반적으로 경영자는 의사결정을 할 때, ① 도박주의 ② 후회 최소주의 ③ 최고 안정주의 ④ 기대 이익주의라고 하는 4가지 방법 가운데 어느 하나를 택하는 것이다. 표 A를 보면서 각각 설명을 하겠다.

가령 내년의 경기가 표에 나타난 것처럼 상승확률 30%, 보합확률 50%, 하강확률 20%로 예측이 되었다고 하자. 한편, 만일 자기회사의 설비를 Ⓐ 확대, Ⓑ 현상유지, Ⓒ 축소로 했다면 회사는 각각 얼마나 이익을 올릴 수 있을까.

경기가 상승한 경우, 보합의 경우, 경기가 하강한 경우를 상정해서 산출된 이익액이 표 A에 나타난 수치로 되었다고 가정해 본다.

이때 경영자는 설비의 확대책을 택할 것인가, 현상유지를 택할 것인가, 그렇지 않으면 축소책을 택할 것인가, 이것이 문제이다.

① 도박주의로 의사결정을 하는 경영자는 축소책을 택할 것이다. 축소했을 때에 만일 경기가 하강하면 6억엔이라는 최고의 이익금을 챙길 수 있기 때문이다. 성패의 폭은 크지만 한 방에 거는 것이 도박주의인 것이다.

② 후회 최소주의자는 다음과 같이 생각해서 의사결정을 할 것이다. 확대책을 택할 경우 만일 경기가 하강을 하게 되면 2억엔의 손해를 본다. 이때 축소책을 택하고 있으면 나오게 되는 6억엔의 이익에 비하면 그 차는 8억엔이 된다. 따라서 8억엔 정도의 후회를 하지 않으면 안된다. 또 축소책을 택한 경우에도 만일 경기가 상승하면 마찬가지로 역시 8억엔의 후회를 하지 않으면 안된다. 그래서 '현상유지'로 나가게 되면 최악의 경우에도 5억엔의 후회로 끝난다. 그러므로 '현상유지'로 나간다고.

〈표 A〉

내년도의 경기 자기회사의 설비	상 승 (30%)	보합(保合) (50%)	하 강 (20%)
확 대	5억엔	3억엔	-2억엔
현상 유지	3	2	1
축 소	-3	2	6

〈표 B〉 기대 이익의 계산(표 A에서 작성)

	상승 30%	보합 50%	하강 20%	기대 이익
확 대	5×0.3=1.5억엔	3×0.5=1.5	-2×0.2=-0.4	15+1.5-0.4=2.6
현상유지	3×0.3=0.9	2×0.5=1	1×0.2=0.2	09+1+0.2=2.1
축 소	-3×0.3=-0.9	2×0.5=1	6×0.2=1.2	-0.9+1+1.2=1.3

③ 최고 안전주의자도 또 '현상유지'를 택한다. 확대책을 택하면 최악의 경우에 2억엔의 적자가 생길 것이고, 축소책을 택하면 최악의 경우에 3억엔의 적자가 생기지만 '현상유지'로 나가면 좋지 않아도 1억엔의 이익을 낼 수 있기 때문이다.

④ 기대이익주의자는 표 B에 나타난 것처럼, 경기 예상의 비율을 각각의 예상 이익금에 곱하고 기대 이익금을 산출한 다음 의사결정을 한다. 이 경우 기대 이익금이 가장 많은 '확대' 정책을 택하는 것은 말할 것도 없다.

끊임없이 거시적인 장기의 전망을 수반하는 마케팅전략에서는 기대 이익주의를 택하는 것이 올바르다고 가르치고 있다. 그러나 여기에서는 어디까지나 내년의 예측이라고 하는, 실패가 허용되지 않는 단기계획을 전제로 한 의사결정이 문제인 것이다. 하물며 재무에서 실패는 허용되지 않는다. 이와 같은 경우는 최고 안전주의를 택하는 것이 가장 올바르다고 할 수 있다.

86. 노동생산성보다 자본생산성의 추구를

자금운용이란, 투자를 가장 효과적으로 하기 위해 자금을 활용하는 것이라고 이미 말했다.

이를테면, 상품 회전을 추구하기 위해 재고품(在庫品)을 줄이거나 특히 극도로 생력화(省力化)한 것과 같은 대형점을 자주 목격하게 되는데 위와 같은 정의로 본다면 이와 같은 점포는 결코 자금운용이 능숙한 점포라고는 할 수 없다. 오히려 적은 투자로 능숙하게 상품을 갖추고 인력을 투입해서 고객에게 호감을 주어 매상과 이익을 올리는 것이라고 생각하는 것이 좋다. 여기에 소매업에 있어서 자금운용의 중요한 포인트가 있는 것이라고 말할 수 있을 것이다.

이미 본서에서도 언급한 바와 같이, 단위면적당으로 많은 상품이 매장에 진열이 되면 될수록 상품밀도는 높아지고 여러가지 다른 상품이 있으면 있을수록 아이템 농도도 짙어지게 되는 것인데 매상고는 상품밀도가 높을수록 올라가고 아이템 농도가 짙을수록 향상된다.

좀더 알기 쉽게 구체적으로 써 보자.

똑같은 입지에서 동일규모의 2개의 점포, A점과 B점이 있고 투자액이 같은 액수라고 가정할 때, A점에 비해서 B점의 점두

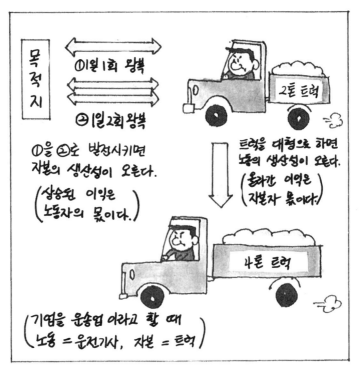

재고수가 3배, 상품 품목수가 5배라면 아마도 B점의 매상은 A 점의 3배 이상에 달할 것이다. 결국 이것이 포인트인 것이다.

가령, 100평방미터의 매장에서 타점포 500평방미터분의 상품을 취급할 수 있다면, 투자효율은 월등하게 상승할 것이다. 게다가 판매원을 많이 투입함으로써 개인 서비스를 강화하고 접객 제일주의를 지향하게 되면 투자 효율은 더욱 상승된다.

일반적으로 노동생산성을 높이는 방법은 종업원 1인당의 매상고 향상과 매출이익금 상승, 반대로 말하자면 생력화 이외에는 생각할 수 없는 것인데, 이를테면 점포 과다상태에 있는 일본의 소매업계에서는 접객을 중심으로 한 개인 서비스를 제외하면 매상도 올라가지 않고 매출이익도 결코 상승하는 것이 아니다.

오히려 오늘날과 같은 저성장시대에는 투자가 동일한 것이라면 이익금이 많은 쪽을 택하는 것이 올바른 것이다. 요컨대 노동생산성보다도 자본생산성이 높은 것을 택하는 것이 좋을 것이다.

오늘날은 ① 자기자본 비율을 높이지 않으면 안될 시대이다. ② 투자 회수도 빠르게 하지 않으면 안된다. 즉 투자방법이 어려운 시대라고도 할 수 있다. ③ 또 인건비도 오르게 된다. 이와 같은 요인에 대응하기 위해서는 투자 금액당 이익금을 높이는 것, 즉 자본생산성을 높이는 것 이외에 방법이 없다고 주장하고 싶은 것이다.

87. 분배와 균형

재무전략은 자금의 조달과 운용 이외에 분배와 균형이라는 중요한 측면도 지니고 있다. 이 장(章)의 마지막에 이 2가지 문제에 대해서 간단히 언급해 두겠다.

우선 분배인데, 기업은 그 수익을 종업원뿐만 아니라 소비자나 사회, 그리고 출자자에게도 환원하지 않으면 안되고 일부는 재생산을 위해 투자해야 한다. 이것이 분배이다. 구체적으로 그것은

주식배당·세금·적정이익·세공제후 순이익 등이 되어서 나타 나게 된다. 이러한 것을 서로 편중되지 않도록 또 동업자와 비교 해서 너무 극단적인 이변이 없도록 목표를 가지고 관리해 나가는 것, 여기에 분배의 핵심이 있다고 말할 수 있다.

분배에 미숙한 기업이 장기간에 걸쳐서 번영한 예는 없다. 따라서 어느 기업에 가더라도 우선 과거 5년의 예상 대차대조표 와 예상 손익계산서를 보여 주도록 요청하고 있다. 그리고 실태 와 대조를 하고 다음에 그러한 것을 동업자인 타사와 비교 대조 해 본다. 이것으로 이변이 발견되면 경고를 하는 것이다.

다음에 밸런스에 대해서인데, 밸런스란 적정한 경영효율을 유지하는 것이라고 해도 좋다. 그것은 각종 경영지표(經營指標) 에 의해서도 표시된다. 그 가운데서도 ① 총자본경영이익율 ②

사용총자본순이익율 ③ 자기자본비율 ④ 유동비율 ⑤ 매출이익율 ⑥ 상품회전율 ⑦ 매상고 대 금리비율 ⑧ 매상고 대 경상이익율 ⑨ 종업원 1인당 매출이익금 ⑩ 노동분배율 ⑪ 교차비율 등이 중요하다고 말할 수 있다. 물론 이 밖에도 경영효율을 분석하는 여러 지표는 많이 있는데 여기에서 그러한 것을 소개할 여유는 없다.

재무전략상의 밸런스라고 하는 것은 가끔 비정상일 때, 예외는 있어도 그것이 곧 정상으로 되돌아 갈 수 있는 방책을 확립해 두는 것이라고 말해도 좋다.

분배도 밸런스도 대단히 중요하다. 분배와 밸런스가 적정(適正)함으로써 비로소 재무전략 전체, 나아가서는 경영 전체가 적정하다고 판단할 수 있는 것이다.

이상 이 장에서는 재무전략 전반에 걸쳐서 극히 간단하게 그 개략을 기술해 왔다. 전체를 통해서 거시적으로 말할 수 있는 것은, 예를 들면 100엔의 돈이 있는 경우 30엔만을 효과적으로 투자하고 나머지 70엔을 언제나 예비비로 둘 수 있는 전략을 수립할 수 있을 때, 재무전략은 비로소 완전한 것이라고 나는 생각한다. 그것을 위한 노하우를 개발하고 그 활용을 힘쓰는 곳에 재무전략의 중요함이 있고 또 재미가 있다. 재무는 결코 고상한 것도 난해한 것도 아니다. 올라운드 맨이 되기 위해서라도 부디 노력하기 바란다.

제 5 장

앞으로의 경영

불확실성 시대를 어떻게 극복하고 어떻게 미래에 대비할 것인가?

88. 우선 최고경영자가 우수해야 한다

기업에게 있어서 1990년대는 그야말로 불확실성의 시대이다. 기업성쇠의 스피드가 가속화 되는 시대, 또는 상승도 쉽지만 자칫하면 순식간에 소멸되고 마는 격변 업다운(up and down)의 시대라고 해도 좋다.

이와 같은 시대를 극복하기 위해서는 무엇보다도 우선 조직체의 톱(최고경영자)이 우수해야만 한다.

자주 예로 들게 되는 것이 쿠바 위기 때의 케네디와 베트남 전쟁때의 존슨의, 두 미국 대통령에 의한 의사결정의 차이다. 1962년 케네디대통령은 쿠바에 반입되려고 했던 소련의 미사일을 돌려 보내 미국의 위신을 크게 높인데 비해서, 2년 뒤인 1964년 존슨대통령은 베트남 전쟁에 깊이 개입하여 커다란 실패를 범하고 미국의 위신을 실추시켰다. 재미있는 일은 케네디의 경우도, 존슨의 경우도 그 최고 스태프는 전혀 똑같은 4명의 멤버였다는 것이다.

전혀 똑같은 멤버를 참모로 쓰고 케네디는 성공했으나 존슨은 실패했다. 치열한 경쟁의 소용돌이 속에서는 스태프가 아무리 우수해도 조직체의 운명은 한 사람의 톱에 의해 결정되고 만다는 하나의 실례라고 해도 좋다. 톱은 역시 우수하지 않으면 안되는

것이다.

그러면 어떠한 톱이 우수한 톱일까.

게이오(慶應)대학 시미즈(淸水) 교수는 이제까지 성장을 해온 기업의 경영자를 분석하고 재미있는 연구결과를 발표하고 있다. 시미즈 교수에 따르면 경영자에게 있어서 가장 중요한 일은 장기(長期) 구상의 구축, 전략적 의사결정, 그리고 집행(執行) 관리의 3가지인데, 성장기업의 경영자들은 그 3가지를 장기 구상의 구축은 야심(野心)으로, 전략적 의사결정은 직감력(直感力)으로, 그리고 집행관리는 원맨(One man) 성으로 하고 있다고 결론짓고 있다. 여기에는 나도 동감이다.

이로 미루어 볼 때, 커다란 야심, 뛰어난 직감력, 게다가 원맨 성을 지닌 경영자가 요컨대 우수한 톱이라고 할 수 있을 것이다. 사실상 기업을 성장시키려면 경영자는 역시 실현가능한 커다란-야심을 가지고 올바른 직감력을 길러서 리더십을 발휘하고 원맨성(독자성)을 확립해 나가지 않으면 안된다. 이것은 수라장의 치열한 시대일수록 그것을 극복하기 위한 필수조건이 된다.

그런데 이와 같은 시대에 조직의 운영은 한 사람의 톱에 의해 결정된다고 했는데 그렇다고 해서 참모가 불필요하다는 것은 아니다. 이와 같은 시대이기 때문에 오히려 훌륭한 참모가 필요한 것이다. 또 여기에서 말하는 원맨이란 지배자로서의 원맨이 아니다. 어디까지나 지도자로서의 원맨이라는 것도 덧붙여 두고 싶다.

89. 지금, 즉시 필요한 최저의 전략

그림은 이제까지의 소비재 업계 추이를 라이프사이클적으로 보고 그린 도표이다. 요컨대 도입기에서 성장기, 성숙기를 거쳐 안정기에 이르는 프로세스를 그래프화 한 것이다.

성장기라는 것은, 수요가 공급을 절대적으로 웃돌고 있는 시기를 말하는 것이고, 수급(需給)의 균형이 취해지고 소비가 보합의 경향을 보이기 시작하는 성숙기, 그리고 전환점을 지나 공급과잉이 되어 물건이 팔리지 않게 되는 사양기로 접어들게 되면, 이윽

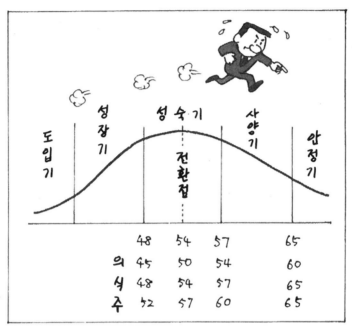

고 공급도 줄고 메이커도 도매업도, 소매업도 경쟁에서 패배한 기업이 도태되고, 다음에는 적정한 차원에서 수급의 균형이 잡혀져 안정기를 맞이하게 된다.

그림에 표시한 것처럼, 소비재 업계는 전체적으로 1973년에 성장기에서 성숙기로 접어들고 전환점에 달한 것이 1979년, 그리고 1982년부터 사양기로 접어들었다. 안정기에 접어들게 된 것은 아마도 1990년 무렵으로 생각해도 좋을 것이다.

더욱 이것을 의식주와 관련해서 분류해 보면, '의(衣)'에서는 성숙기가 1970년 이후, 전환점이 1975년, 사양기가 1982년 이후이고, 안정기로 접어든 것이 1985년. '식(食)'에 있어서는 성숙기로 접어든 것이 1973년, 1979년에 전환점을 지나 사양기를 맞이한 것이 1982년이고, 안정기로 접어든 것이 1990년. '주(住)'에서는 1977년에 성숙기로 접어들어 1982년에 전환점을 맞이했고 1 985년의 사양기를 지나 안정기로 접어들게 된 것은 역시 1990년 무렵으로 생각된다.

이와 같은 시대적인 추이는 기업에 대해서 당연히 그때마다 전략의 전환을 강요하지 않을 수 없다. 예를 들어 성장기에 있어 서는 대중화·확대화·분할화 등이 주요마케팅 수법이었는데 그러한 것들은 성장기로 접어들자 마자 대부분 효력을 잃고 말았 다. 그리고 그것에 대신 해서 나타난 것이 패션화·개성화·브랜 드화·고품질화·하이 이미지화 등의 노하우이다.

그렇지만 전환점을 지나자 그 가운데 고품질화, 하이 이미지화 이외의 전략은 전문점이나 취미적 경영의 기업에만 통용하는, 거의 시류에 맞지 않는 전략이 되고 말았다. 거기에 반해서 이번 에는 총합화·간편화·대중화·고셰어화·소매업 마케팅 등의 수법이 주요 노하우로서 새롭게 각광을 받게 된 것이다.

그러면 확실히 사양기에 있는 현재는 어떤가. 전환점 이후 시도된 주요한 성공 노하우에 추가해서 1번화(一番化), 정착화, 포괄화 등의 전략이 필요하게 되었다고 말할 수 있다. 요컨대 최소한 이정도의 일을 하지 않으면 살아남지 못하게 되었다는 것이 오늘의 현실이라고 생각하기 바란다.

90. 고객의 '특정화 · 고정화 · 조직화'를

여기에서 우선 해야만 할 일에 대해서 몇가지 말해 두고 싶다. 그 하나가 고객의 '특성화 · 고정화 · 조직화'이다.

앞으로의 장사를 생각할 때, 아마도 가장 현명하고 효율적인 방법은 고객이나 거래처와 인간적으로 밀착하고, 그것을 특정화 · 고정화 · 조직화 하고 마는 일일 것이다. 그렇게 하면 물질적으로 사양기가 되거나, 정보화 시대가 되어도 하이테크 및 하이터치 방식의 시스템을 만들어 두는 것만으로 충분히 규모 확대를 할 수 있기 때문이다.

최근의 정보전달 시스템에 있어서 매스전달과 개별전달이 믹스되기 시작하고 있는 현실도 지나쳐 버려서는 안된다. 더구나 정보를 받는 쪽은 개별전달 쪽을 신용하고 중요하게 느끼기 시작했고, 또 정보 제공측도 컴퓨터 등의 발달로 개별대응을 지극히 간단하게 실시할 수 있도록 되어 가고 있다.

이렇게 해서 장사쪽에도 개별 판매 시스템, 즉 특정화 · 고정화의 물결이 밀어닥쳐, 이쪽이 판매 시스템보다도 훨씬 높은 효율의 실적을 올리기 시작한 것이다. 이것은 인간성이라는 본질에서 보아도 당연한 일이라고 하지 않을 수 없다.

최근 이른바 무점포 상법이 급성장 중인데, 그것은 무점포

판매가 어디까지나 특정고객을 상대로 그 고객이 원하는 모든 상품·서비스·정보 등의 제공을 지향하는 전면대응형(全面對應型)의 소매업종이기 때문이라고 말할 수 있다.

점두(가게 앞) 소매에 그 사고방식을 적용하면 점두에서 취급하고 있지 않은 상품이라도 팔 수 있는 기구 조성이 필요하게 된다. 그리고 그때문에 고객의 특정화·고정화·조직화가 무엇보다도 효과적인 것이다. 구체적인 예를 들어보자.

지금 가전 소매업으로 일본에서 가장 잘 팔리는 업체는 후쿠오카(福岡)시에 본거지가 있는 '베스트 전기(電器)'이고, 제2위는 히로시마(廣島)시에 본점이 있는 '제일산업'이다. 양쪽의 본점을 비교해 보면 점두의 물건 진열도나 매장면적도 베스트 전기 쪽이 앞서 있고, 배후 상권인구도 후쿠오카시가 300만명, 히로시마시가 200만명으로 이것도 베스트 전기 쪽이 유리하다.

그런데 1983년도의 매상을 보면 베스트전기 본점의 87억엔에 비해서 제일산업 본점은 142억엔이나 팔고 있다.

그 이유는, 베스트전기는 불특정의 내방 고객만을 대상으로 상품 구비와 서비스를 제공하고 있는데 반해 '제일산업'은 고객의 특정화·고정화에 입각한 장사를 하고 있기 때문이다. 특정객, 고정객에게는 물론 점두에 없는 상품도 살 수 있게 하고 계약판매도 할 수 있다. 그것이 매상의 차이가 되어 나타나게 된 것인데 고객의 특정화·고정화 고객에 대한 전면대응 등이 얼마나 상품 구비와 매장면적에서의 열세를 만회할 수 있는 힘을 지니고 있는지를 이 수치는 여실히 보여 주고 있는 것이라고 말할 수 있다.

91. 하이테크, 하이터치의 2조건을 견지하라

앞으로의 기업경영에 있어서 포인트의 하나는, 존 네이스비츠의 말을 빌릴 것도 없이 하이테크, 하이터치의 2조건을 아울러 완벽하게 갖추는 것이라고 말할 수 있다.

하이테크란 하이테크놀로지의 약자로 고도 기술화를 말하는 것이고, 하이터치는 하이휴먼터치의 약자로 고도의 인간적 밀착이라는 뜻이다.

하이테크의 눈부신 진보는 우리에게 정보화 사회를 가져다 주었는데 이 진보는 앞으로 더욱 가속화 될 것으로 예상된다. 앞으로의 시대가 하이테크의 시대임을 의심할 사람은 이제 아무

도 없다.

따라서 기업경영에 있어서는 당면한 문제가 정보처리를 위한 하이테크 이용, 이른바 컴퓨터, 일렉트로닉스 관계의 이용이야말로 앞으로는 최저한의 필요 요소가 되지 않을 수 없을 것이다.

그런데 인간이 요구하는 정신적인 풍요로움은 인간의 휴먼터치에 의해서만 비로소 제대로 구현될 수 있다고 심리학에서는 증명되고 있다. 그렇다면 하이테크 사회, 정보화 사회에 있어서는 한편으로 하이터치야말로 기업에 있어서 필요한 요소로 더욱더 각광받을 것이 틀림없다. 요컨대 하이테크만으로는 인간을 완벽하게 움직일 수 없는 것이다.

그러면 하이터치가 있으면 그것으로 충분한가 하면 결코 그렇지는 않다. 예를 들어 하이터치만의 무점포 판매 시스템은 어느 레벨까지는 매상도 고객수도 급증하지만, 반드시 한계점에 이르게 되어 업적 유지가 어렵게 된다는 것이 실질적으로 밝혀지고 있다. 하이터치만으로 성립되는 것은 생업(生業) 레벨의 비즈니스뿐일 것이다. 기업형의 경우는 그럴 수가 없다.

　보통, 한 사람의 인간이 가장 추구하고 있는 것은 상대가 자기에게 개별적으로 대응해 주기를 원한다는 것이다. 한 인간에게 있어서 배우자와 비서의 존재가 매우 소중한 이유의 하나는 무엇보다도 우선적으로 자신에게 대해서 개별적으로 대응해 주기 때문이라고 말할 수 있다.

　하이터치는 개별대응의 이른바 전형적인 형태이다. 그런 점에서 이것은 장사와 경영에서는 빼놓을 수 없는 요소라고 해도 틀림은 없다. 그런데 기업 사이드에서 보면 하이터치만에 의한 전면적인 개별대응에는 스스로 한계가 있다. 그래서 그것을 보완하는 것이 하이테크, 특히 컴퓨터라는 것을 이해하기 바란다. 정보화 사회에 있어서는 하이테크만으로, 또는 하이터치만으로, 특히 인간을 주요 대상으로 삼는 비즈니스에서 채산을 맞추기가 어려운 것이다.

92. 고객 정보관리 시스템을 갖춰라

앞으로 비즈니스의 결정적인 핵심은 정보관리 시스템이다. 이것이 기업 경영에 있어서 최대의 수단이 될 것은 거의 확실하다고 해도 좋다. 우수한 시스템과 졸렬한 시스템이 경합되면, 졸렬한 시스템을 이용하고 있는 쪽의 기업은 틀림없이 시장에서 무너지고 말 것이다.

그러면 뛰어난 정보관리 시스템의 포인트는 무엇인가? 오늘날과 같이 소비자가 주도권을 쥐고 있는 매주(買主) 시장의 시대에 있어서는 어떻게 확실하게 고객에 대한 정보를 파악하고 관리할 수 있느냐 하는 점에 달려 있다.

그런 의미에서 오늘날 일본의 소매업계에서 가장 발전되고 있는 곳은 크레디트 디파트의 '마루이(丸井) 시스템'이라고 해도 좋다. 마루이는 고객에 관해서 100% 빈틈없이 퍼스널 정보로 파악해서 관리하고 그것을 활용하고 있다.

고객의 퍼스널 정보는 일반적으로 백화점에서 1~3%, 전문점에서 5~10% 밖에 관리하고 있지 않다. 양판점에 이르러서는 0%이다. 거기에 반해서 '마루이의 시스템'은 우선 완벽하다고 해도 좋다.

이 마루이가 1984년 9월에 100% 출자한 자회사인 'M&C 시스

템'을 설립하고 스스로 시스템의 공개와 함께 판매에 나섰다. 왜 그럴까.

지금 소매업계에서는 '야마토 운수'나 '세콤' 등, 물류업계나 경비보장업계, 기타의 기업들이 발전된 고객 정보관리 시스템과 뛰어난 노하우로 잇따라 참여를 시작하고 있다.

유통주도권을 쥐려는 메이커나 도매상에 있어서 이것은 크게 환영해야 할 현상임에 틀림없다. 아마 이대로 가다가는 대부분의 기존 소매업은 이들에게 침식당하고 말 것이다. 그럼에도 불구하고 거의 대부분의 소매업자들은 아직도 사태의 심각성을 깨닫지 못하고 있다.──소매업 전체에 대한 그와 같은 위기감이, 정세 파악에 민감한 마루이의 아오이(靑井) 사장으로 하여금 자신의 시스템을 공개하도록 했는지도 모른다. 어쨌든 이 시스템 공개의 의의는 크다. 아마 소매업계의 대부분이 마루이의 시스템 도입을 검토하기 시작할 것이다. 그리고 그결과 POS의 위력과 참다운 POS란 무엇인가를 깨닫게 될 것이 틀림없다. 즉 POS라는 것은 우선 고객의 퍼스널 정보, 금전정보를 알 수 있고, 그리고 상품 정보를 모르면 아무런 의미도 없다는 것, 가능한 한 100% 가까이 고객을 파악하지 못하면 POS는 마이너스 효과밖에 없다는 것. 따라서 앞으로 불특정 고객 대상의 장사는 시류에 맞지 않는 다는 것 등을 많은 소매업 경영자나 소매업계인은 깨닫게 될 것이다.

아무튼 고객 정보관리 시스템을 확립하는 것은 앞으로의 경영에 있어서 결정적인 핵심이 된다. 이미 완성되어 있는 시스템을 사든가, 자신이 만들던가. 우선 지금 곧 착수하기 바란다.

93. 정보화 사회의 리더는 소매업이다

현재는 공급과잉으로 물건이 남아도는 시대, 이른바 매주(賣主)시장의 시대인데, 이와 같은 시대에는 메이커보다는 도매업, 도매업보다는 소매업이라는 식으로 실수요자에 가까운 입장에 있는 쪽이 마케팅면에서는 절대적으로 유리할 것이다.

그런데 현실은 반드시 그렇게 되고 있지는 않다. 경쟁 격화는 중간계층을 배제하고 나간다는 특징을 지닌다. 따라서 메이커보다도 실수요자에 가까운 도매업이 우선 미묘한 입장에 서게 되고 말았다. 즉 메이커 기능을 가지고 메이커 도매가 되던가, 소매업의 하청이 되어 델리버리 기능을 중심으로 생존을 계속하거나 하는 것 이외에는 도매업이 여러가지로 어렵게 된 것이다.

도매업이 그렇다면, 시대를 리드하는 것은 나머지는 메이커이거나 소매업일 수 밖에 없다. 이에 관해서는 메이커로 대답하는 것이 일반적인 상식이다. 또 사실 이제까지는 확실히 메이커의 시대였었다.

그런데 일본은 바야흐로 정보화시대를 맞이하고 있다. 거기에 대비하기 위해서 기업은, ① 개인정보의 축적을 기반으로 한 정보 네트워크 그룹을 만들든가, 가입을 하든가, ② 하이테크와 하이터치의 일체화 시스템을 만들고, ③ 대중 개개인의 다양하고, 더구나 개성적인 요구에 전면적으로 개별대응해 나가지 않을 수 없게 된다. 그 이유는 더욱 더 소비자 주도의 시대가 된다는 것이며, 그런 만큼 소비자에게 밀착하고 있는 소매업쪽이 메이커보다도 유리한 시대가 온다는 것이다.

물론 정보화 사회에 있어서는 정보 주도권을 잡는 것이 리더십의 제1조건이다. 그것은 규모, 인간관계, 최종 소비자에 대한 밀착도 등에 의해 지탱이 되고, 그러한 것을 유지·향상시킬 수 있는 인재가 모여서 더욱 개발할 수 있는 체질이 있느냐의 여부에 따라서 결정지어진다고 해도 좋다.

다행히 대규모 소매업은 규모도 메이커에 필적할 만큼 커졌고 인재를 키울 수 있는 기구에 비해 힘도 커지고 있다. 정보화 사회에 있어서 리더십을 잡는 조건이 소매업에 유리한 것은 객관적으로도 긍정할 수 있을 것이다.

다만 현재와 같은 정보화 사회로의 과도기에 있어서는 구매자

위주의 시장에 대한 적절한 대처가 없으면 정보 주도권은 잡을 수 있는 것이 아니다. 그러기 위해서는 철저한 고객지향이 필요하다.

또 정보 주도권 뿐만 아니라 유통 주도권도 동시에 갖지 않으면 앞으로는 생존하기 어렵다. 요컨대 이 2개의 주도권을 잡는 것이 현대의 시장 경제에서 살아남는 경영전략이고, 시대를 리드하는 조건이기도 한 것이다. 물론 가까운 장래에 유통 주도권은 정보 주도권에 의해 확보될 것이다.

94. 성장 벡터(Vector) 원칙

사물의 성장·발전에는 하나의 방향성(Vector)이 있다. 물론 기업의 성장도 그 예외는 아니다.

우선 표를 보기 바란다. 표에서 이해할 수 있는 일정한 방향성을 나는 '성장 벡터'라고 부르고 있는데, 이것은 기업이 발전해 나가기 위한 하나의 코스를 나타내는 마케팅 전략상의 기본원칙을 많이 포함하고 있다.

이 '성장 벡터'는 내가 1970년 무렵 유통계열의 본연의 모습을 생각할 목적으로 일본의 주식 공개회사에 대해서 조사한 결과에서 발견한 것이다. 다만 여기에 있는 표는 당시 그대로의 것이 아니다. 당시의 데이터에 최근의 경제계 움직임을 가미해서 만든 것이다.

표를 보는 방법을 설명해 두자.

이를 테면, 표의 왼쪽 위에 있는 35라는 것은, 1960년에 일본에서 가장 이익을 많이 남긴 기업은 직접 소재(素材)를 만들고 있었던 메이커였다는 뜻이다. 마찬가지로 예를 들면 표의 오른쪽 위에서 왼쪽 밑에 걸쳐 55라는 숫자가 비스듬히 달리고 있는데, 이것은 1980년에 가장 이익을 올리고 있었던 것이 개별대응이 가능했던 메이커, 짜맞춤 상품을 팔고 있었던 도매업, 조립상품

성장 벡터 표준

	소재	가공	조립	짜맞춤	개별대응
메이커	1960	1965	1970	1975	1980
도매업	1965	1970	1975	1980	1985
소매업	1970	1975	1980	1985	1990
I & S	1975	1980	1985	1990	1995
S & K	1980	1985	1990	1995	2000

- I & S=Information and Service의 약자
- S & K=Service and Knowhow의 약자
- 숫자는 서기연도임.

을 취급하고 있었던 소매업 또는 가공'상품인 임포메이션과 서비스를 팔고 있었던 곳, 소재의 서비스와 노하우를 팔고 있었던 곳이라는 뜻이 된다.

그러면 이 표에서 도대체 무엇을 알 수 있을까.

(1) 어떤 곳이 가장 이익을 올렸는지, 또 앞으로 어떤 기업이 이익을 올리게 될 것인지, 그 흐름과 방향을 파악할 수가 있다.

(2) 이익은 유통 주도권, 즉 가격 결정권을 쥐고 있는 기업에 가장 많이 집중하게 되는데, 그런 의미에서 현재는 소비자에게 가장 개별대응을 할 수 있는 단계=소매단계를 누르지 못하면 어떤 기업도 이익으로 연결되지 못하고 좋은 결과를 기대할 수 없다는 것을 알 수가 있다. 소재(素材) 메이커까지 소매 단계에서의 주도권 확보에 온 힘을 기울이고 있는 것은 그렇게 하지 않으면 살아남을 수 없기 때문이다.

(3) 소매업에 도달하지 않으면 정보의 흐름은 파악할 수가 없다. 즉 소매업을 기점으로 해서 흐름을 생각해 나가면 좋다는 것을 알 수가 있다. 그러기 위해서는 소매업 마케팅이 필요하게 된다.

아직 여러가지가 있는데 여기에서는 이것으로 그치겠다.

메이커와 도매업에 있어서 소매업을 이대로 방치한다는 것은 소매업에 대한 종속을 의미한다. 한편 소매업은 소매 단계에서의 유통 주도권을 어떻게든 잡고 싶은 것이다.

이 유통 주도권 쟁탈은 그룹화·계열화의 문제를 중심으로 하면서 앞으로도 더욱 더 불꽃을 튀길 것이 틀림없다. 충분한 대책을 강구하기 바란다.

95. 무점포 판매 시대가 온다

유통업계에 있는 사람들은 노력을 많이 한다. 그들의 열성적인 노력 태도는 다른 업계에서 유통업계로 온 사람들이 한결같이 눈이 휘둥그레질 정도이다. 왜 그처럼 노력을 하는 것일까. 공부해서 분발하면 그만큼 성과를 올릴 수 있는 업계이기 때문일 것이다. 또 노력을 하지 않으면 해 나갈 수 없는 업계때문이기도 하다.

오늘날 대규모 소매업의 톱과 간부의 대부분은 물건이 팔리지 않게 된 것과 기술혁신으로 스토어리스, 캐시리스 시대가 조만간 도래하는 것이 아닌가 하는 예감을 가지고 그 대책에 착수하기 시작하고 있다. 선천적인 개발의욕이 여기에서도 또 발휘되고 있는 것이다.

258

　그들의 불안은 '시스템 텔레비시대가 되면 홈쇼핑시대가 온다. 고객은 지금도 결코 좋아서 점포에 와 주는 것이 아니므로 그와 같은 시대가 되면 더더구나 점두에서는 물건을 사지 않게 되는 것이 아닌가' 하는 것이다. 요컨대 INS(고도 정보통신 시스템) 등이 전국에 보급되면 홈뱅킹과 함께 텔레비 쇼핑과 같은 것이 실용화 되는 것이(?) 아닌가 하는 위기감에서 오는 불안인 것이다.

　물론 그들의 불안을 모르는 것은 아니다. 하지만 인간은 인간성에 반하는 일에는 저항을 나타내는 것이라고 생각된다. 인간성에는 서로 접촉함으로써 무리를 짓는다는 본능이 있으므로 설사 뉴미디어의 발달이 생활에 아무리 편리함을 가져다 주더라도 그것만으로는 홈쇼핑이 보급되지 못한다. 자택 근무가 기술적으로 가능해져도 역시 오피스의 필요성이 없어지지 않는 것과 마찬가지라는 것이 나의 생각이다.

　그렇다고 홈쇼핑시대가 오지 않느냐 하면 그렇지는 않다. 그것은 확실히 온다. 다만 그것은 컴퓨터, 엘렉트로닉스 등의 기술적인 발달을 전제로 가능해지는 것이 아니다.

또 하나, 인간성이라는 것을 전제로 함으로써 비로소 그것은 가능하게 된다고 나는 말하고 싶다.

스토어리스 시대는 바로 그와 같은 전제 위에서 도래한다. 현실적으로 아직 몇사람에 불과하지만 그와 같은 시스템을 이미 개발하고 완성시킬 단계에 있는 톱클래스의 유통기업도 있다. 따라서 역시 스토어리스 시대는 확실히 오게 될 것이다.

현재는 스토어리스 비율이 아직 7~8％인데, 10년 후에는 40％정도가 될 것이라는 것이 나의 예상이다. 또 캐시리스 비율도 현재의 10％에 비해서 10년 후에는 50％ 정도로 신장이 될 것이다.

뉴미디어의 발달은 정보화 사회의 하나의 실마리가 될 뿐, 그 자체가 전능한 것은 아니라는 것, 스토어리스화는 하이테크와 하이터치가 훌륭하게 통일된 형태로서 실현되어 나갈 것이라는 것을 고려한 바탕 위에서 아무쪼록 스토어리스의 연구에 열중하기 바란다.

96. 정보화 사회도 '상품'이 주역이다

정보화 사회가 온다. 하지만 정보화 사회라고 해서 그곳에서의 주역을 '정보'라고 착각하지 않기를 바란다. 정보화 사회에서도 주역은 어디까지나 '물질'이고, '정보'는 그 조역(助役)인 것이다.

문화·정보·레저·패션 등과 같은 것도 현재로서는 '물질'이 개입되지 않으면 거의 돈이 될 수가 없다. 기업 목적에서 보면 보잘 것 없는 것이라고 해도 좋다.

나도 지혜나 노하우, 지식이나 정보·문화 등을 그것만으로 돈이 될 수 있는 방법이 있으면 만들어 내고 싶은 생각이 있는데 사실상 그러한 것은 '물품'에 비하면 전혀 미미한 액수의 돈밖에 될 것 같지 않고 게다가 정보화 사회는 순식간에 성숙기에 달할 것 같아서 설사 능숙하게 돈으로 바꿀 수 있는 시스템을 만들어도 언제까지나 고가로 판매할 수 있을 것으로는 생각하지 않는다.

보통, 정보라고 하는 것은 유통 수단의 발달에 따라서 가치가 저하되고 정보의 가공이나 축적 노하우도 그다지 금전적 가치를 지니지 못하게 되고 마는 것이다. 그렇다면 일찍이 수공업이 상품 가격의 하락을 생산수단의 비약적인 대량화로 보충하고 스스로를 산업으로까지 끌어올린 것처럼, 정보화 시대에 있어서의 정보도 극단적으로 하락하는 가격을 대량유통으로 커버하고 자기 스스로를 산업화 해 나가지 않을 수 없게 될 것이다. 그러나 이렇게 되면 여러가지 문제가 생기므로 정보의 목적을 특정화·조직화·편리화 등으로 특화(特化)하는 방법을 강구하게 될 것이다.

어쨌든 정보화 사회가 되면 정보나 지혜가 간단하게 돈이 된다고 생각한다면 잘못이다. 오히려 정보는 본래부터 무료라는 인식을 갖지 않으면 안된다.

정보화 사회는 공업화의 토대 위에 서고, 그 연장선상에서 오게 된다. 공업화 이전의 사회는 대중이 항상 가난한 것이 당연하다고 하는 노예제, 봉건제를 기반으로 한 정치권력 중심의 사회였다. 일반 사람들에게 빈곤에서 부자(富者)에의 희망이 싹트기 시작한 것은 공업화 사회가 되고 자유의사에 의한 고용계약이 가능해진 시대로 접어든 뒤 부터이다.

능률·대규모화·자유라고 하는 개념이 생긴 것도 공업화 사회가 되었기 때문이었다. 따라서 정보화 사회로의 이행(移行)은 공업화의 그러한 플러스적인 측면을 이어받아서, 또는 그러한 바탕 위에서 이루어지는 것으로 생각하지 않으면 안된다.

다만 똑같은 공업화라도 이제까지의 대량화·획일화 공업에서, 다품종 소량화 공업, 다양화 공업으로 바뀐다는 식으로 이해하는 것이 바람직하다.

구체적으로는 대의명분과 시계열(時計列) 위에 입각하여 물질적 소비를 신장시키면서 정보화 시대와 연결되는 것이 중요할 것이다.

그러기 위해서는 ① 대중이 환영하며, ② 물질적 소비가 신장되고, ③ 정보화 시대의 포인트를 확보한다는 3가지 점을 전제로 한 구조를 만드는 것이 필요한데, 그 구조의 첫걸음이야말로 다름아닌 스토어리스, 캐시리스라고 여기에서는 이해해 주기 바란다.

97. 시간·상품·돈·인력 등의 효과적 이용을

이제까지의 공업화 사회는 대량생산, 대량판매, 대량소비, 대량선전과 같은 이른바 '매스'가 무엇보다도 특색이었다. 다양화보다도 규격화나 획일화의 사회였고, 그곳에는 또 메리트가 있었다.

그런데 앞으로는 비록 메이커일지라도 이제까지의 소품종 대량생산으로는 시류에 대응하지 못하고 다품종(多品種) 소량생산이 중요성을 띄게 된다. 결국 정보화 기술의 발전이 가져다 주는 것은 양이 아니고 질이며 다양화인 것이다.

확실히 당분간은 컴퓨터화에 의해 규격화·획일화가 더욱 발전될 것으로 생각되지만, 그것은 어디까지나 과도적인 현상으

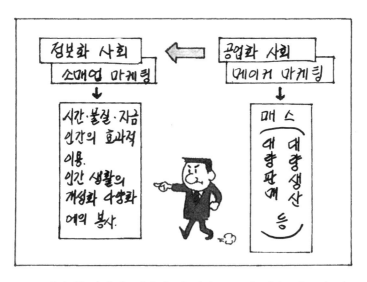

로 보아야 할 것이다. 따라서 이 경우 중요한 것은, 컴퓨터 내부의 기술인 코드화·정보화의 본래 모습, 즉 인간생활의 개성화·다양화에 대한 봉사화를 구별하여 대응하지 않으면 안된다는 사실이다.

산업부문에 눈을 돌려보면, 정보화 사회로의 움직임은 제3차산업의 비중을 급속하게 높혀 새롭게 제4차 산업을 탄생시키고 있다. 산업혁명 이전에 제1차 산업 중심의 산업 구조를 가지고 있었던 인간 사회는 산업혁명 이후 제2차 산업 중심의 사회로 훌륭하게 변신을 이루었는데 그 막다른 골목이 대량 소비시대이다. 그리고 10년 정도 전부터 탈공업화가 시작되고, 이미 선진국에서는 제3차 산업쪽이 제2차 산업보다도 취업자 수나 생산량에 있어서 급속도로 발전했다.

유통업·서비스업을 비롯한 제3차 산업의 특색은 물품의 효과적인 이용이라는 점에 있다. 따라서 공업화 사회가 갈 때까지

간 결과 물품이 남아돌고 물품의 효과적 이용이 무엇보다도 경제 활동에서 중요하게 되었으므로 제3차 산업은 생산량에서도 제2차 산업을 앞지르게 되었다고 생각된다.

제3차 산업의 시대가 왔다고 해도 된다. 경영학의 중심을 이루고 있는 마케팅에서는 아직도 '좋은 물건을 값싸게 대량으로 생산해서 어떻게 하면 수요를 창출하고, 시장조작을 통해 팔 것인가'라고 메이커 마케팅이 학계의 주류를 차지하고 있는데, 현실적으로는 '메이커 마케팅의 시대가 끝나고 소매업 마케팅의 시대가 왔다'고 하는 사고방식이 최근 4~5년 사이에 소비재 업계에서 고개를 들기 시작하고 있다.

따라서 새로운 시대의 가치 척도는 시간·상품·돈·인력 등을 효과적으로 이용할 것인가라고 해야 할 것이다. 알기쉽게 말하자면, 앞으로의 기업이나 사람은 고객 개개인을 위해 그 다양화·개성화에 대응하면서 자체의 시간과 상품·돈·인력 등을 어떻게 유효적절하게 활용해서 봉사하느냐 하는 데 전력을 기울이는 것이 중요하게 된다. 그것이 바로 기업에 있어서나 사람에게 있어서 틀림없이 돈을 벌수 있는 핵심이 된다는 것을 여기서 반드시 인식해 주기 바란다.

98. 문화적 낭비의 플러스화 작전에 나서자

일본은 이제까지 '물질적 낭비'와 '인적 낭비'를 거듭해 왔다.

그것은 2차 대전 후의 불탄 자리에서 다시 일어나 고도성장을 이룩하기 위해서는 불가피한 선택이었다.

'물질적 낭비'는 더 많이 만들어서 더 많이 파는 이른바 대량생산 방식을 기본으로 만들어지게 된다. 더욱 더 많이 만들지 않으면 안되기 때문에 더욱 더 소비를 시키지 않으면 안된다. 사실은 아직 충분히 쓸 수 있는 상품이라도 '유행에 뒤진 것'이라고 버리게 하고 대량생산한 신제품을 대대적으로 선전해서 수요를 부추긴다. 이른바 '모어 앤드 모어(more and more)' 지향을 강력하게 추구한 사회, 그것이 이제까지의 일본이었다.

그런데 1973년의 오일쇼크 이래 사정이 크게 달라졌다는 것은 새삼스럽게 설명할 필요도 없을 것이다. 이제는 '물질적 낭비'의 연출에 소비자가 편승하지 않게 된 것이다.

한편 '물질적 낭비'는 동시에 '인적 낭비'까지도 필요로 했다. 현상적(現象的)으로 본다면 그것은 수도공사, 가스공사, 전화공사 등 공사할 때마다 도로를 파헤치고 메우는 일본의 도로행정의 빈곤속에서 전형적으로 나타나고 있다고 말할 수 있을지도 모른다.

그러고 보니 일찍이 누군가가 이런 기사를 쓴 일이 있었다. 미국의 한 친구가 일본을 방문했을 때, 파헤치고는 묻는 공사를 반복하고 있는 일본의 도로를 보고 '이것은 도로가 아니다. (디스 이즈 낫 어 로드!)'라고 부르짖었다는 것이다. 그 말에 그 일본인은 이같이 대답을 했다. "사실이오, 일본에서는 이것을 로드라고 하지 않고 도로라고 하오!"

이 로드와 도로의 차이. 여기에는 일본과 미국의 도로 사정상의 차이뿐만 아니라, 장기 계획성에 차이가 있다. 또 동시에 '인적 낭비'에 대한 비아냥이 담겨져 있다는 것도 인식하지 않으

면 안된다.

　인적 낭비가 가장 집중이 된 것은 일본의 제3차 산업이다. 전쟁 후에 제1차 산업의 근로자 인구를 줄이고 이어서 제2차 산업을 줄인 다음, 그곳에서 흘러나온 인간을 모두 제3차 산업에 집중시켜 왔기 때문이다. 본래 제4차 산업인 정보산업이 발달하고 있었다면 제3차 산업에 이처럼 인구가 집중하지는 않았을 것이다.

　그리고 일본은 지금 바야흐로 정보화 시대를 맞이하고 있다. '물질적 낭비'나 '인적 낭비' 대신에 '문화적 낭비'가 발생하는 시대라고 해도 좋다. 문화적 낭비는 물질적 낭비나 인적 낭비와는 달리, 낭비가 낭비로 끝나지 않는다. 문화나 정보는 소비해도 감소되지 않고 다른 커다란 가치를 만들기 때문이다.

　따라서 기업은 앞으로 문화적 낭비의 플러스화 작전에 나서야 할 것이다. 문화 교실, 문화 행사 등과 같이 경영과는 전혀 관계

가 없는 언뜻 보기에는 낭비적인 일에 문화의 이름을 빌어 시간
의 효과적인 이용이나 인간성의 향상을 목적으로 하면 그것은 문
화적 낭비의 플러스화가 되는 것이다. 그 다음은 아직 문제가 있
는데 동시에 즉시 수익과 연결되는 수법을 개발하면 좋고 그것
은 가까운 장래에 가능하게 될 것이다.

99. 유통과 정보 서비스의 일체화 시스템이 미래의 핵심

　메이커나 도매 단계에서는 수년전부터 메이커 기능과 도매
기능의 일체화가 요구되고 있다. 메이커 도매가 되거나, 메이커
와 도매의 완전한 계열화를 도모하지 않으면 경영이 성립할 수
없게 되어 가고 있었던 것인데, 그것이 이제는 소매 기능의 일체
화까지도 필요하게 되었다. 한 기업에서 메이커·도매·소매의
3가지 기능을 갖거나, 제각기 다른 기능을 지닌 다른 기업을
하나로 계열화 하는 것이 아니라면 메이커에 있어서나 도매업에
있어서 채산을 마추기 어렵게 된 것이다.

　이와는 달리, 소매업은 아직 소매업만으로 채산을 맞출 수가
있다. 이것은 소매업쪽이 메이커나 도매업보다 시류에 적합하다
는 것을 말해주는 것이다.

　그런데 내가 여기서 말하고 싶은 것은, 이 일체화·통합화의

문제가 메이커·도매·소매 단계의 그것에 국한하지 않고 여러 분야에서 앞으로 커다란 방향으로 등장되고 있다는 점에 대해서이다. 예를 들어 하나의 상점가에서 볼 때, 백화점·양판점·전문점·파파마마(엄마 아빠)스토어가 제각기 흩어져 독립한 채로는 아무것도 되지 않는다. 일체화·통합화 하면 확실히 업적이 오른다.

이것은 산업간에서도 말할 수 있다.

서비스업이나 정보산업은 그것만으로 경영으로서 성립되기 매우 어렵다. 유통업도 마찬가지이다. 따라서 앞으로는 유통·서비스·정보의 3자가 일체화 하지 않으면 합리적으로 경영할 수 없게 된다. 즉, 제3차 산업만의 기업경영은 어렵다. 이른바 '상품'만으로는 경영은 이제 좀처럼 채산을 맞출 수 없다. 4차산업, 즉 '정보'만으로는 더욱 어렵다.

그렇지만 '상품'과 '서비스'와 '정보'를 일체화 한다면 그것은 훌륭한 성과를 올릴 수 있을 것이다. 서비스업인 물류(物流)업자나 안전보장을 업으로 하는 회사, 요식업 등이 활발하게 유통업에 뛰어들기 시작한 것은 그 때문이다.

우선 1985년을 기점으로 하여 이른바 제3차 산업과 제3.5차 산업, 여기에 제4차 산업의 통합화가 시작될 것이다. 한편 제1차 산업, 제2차 산업과 제3차 산업의 통합화도 이제까지 이상의 스피드로 진행될 것이다.

그야말로 대변화의 시대이다. 그와 동시에 경영자에게는 커다란 관리와 통괄 능력이 요구되는 시대이기도 하다.

일체화 · 통합화의 움직임에는 모두 대응해 나가지 않으면 안된다. 그 가운데서도 유통 · 정보 · 서비스의 일체화는 중요하다. 유통과 정보 서비스의 일체화 시스템 만들기, 이것이 미래에 있어서 결정적인 핵심이 된다는 것을 여기에서 나는 크게 강조해 두고 싶다.

100. 하이테크 이용의 정보관리 시스템과 하이터치형 개별대응 서비스 시스템을 만들자

기업은 이제까지와 마찬가지로 앞으로도 역시 '상품'과 '절충하지 않으면 안된다. 그것이 성격상으로 가장 올바른 기업의 방향인 것이다. 그것도 보다 많은 대중을 상대로 하지 않으면 묘미가 생기지 않는다. 따라서 아무쪼록 그와같은 비즈니스를 지향하기 바란다. 모든 것은 여기에서 부터 시작된다. 그렇지 않으면 '상품

에 관련된 서비스도 정보 비즈니스도 궤도에 오르기가 어렵다.

하이테크를 활용하는 경영은 바로 그때문에 존재할 것이다. 그리고 그 최대의 툴(tool : 공작기계)이 되는 것이 정보관리 시스템이라고 해도 좋다.

여기에서 말하는 하이테크란 컴퓨터와 통신기기의 활용이 중심이 된다. 앞으로는 지나치게 많은 정보를 능란한 솜씨로 입수하고 정리하며 분석, 추출하여 사용하지 않으면 안된다. 그러한 시스템이 정보관리 시스템인데, 이 시스템의 우열이 경쟁의 결과를 결정짓고 말 정도로 중요한 것이다.

또 똑같은 정보관리 시스템을 만들었을 경우, 후발자는 선발자에게 좀처럼 따라 붙지 못한다. 그때문에 어느 기업도 경쟁자보다 뛰어난 정보관리 시스템을 타기업에 앞서 구하려고 모두가 뛰기 시작하고 있는 것이 오늘의 현실이다.

이것은 앞으로의 결정적인 핵심이 유통과 정보 서비스의 일체화 시스템이라는 것에 많은 기업 경영자들이 깨닫기 시작한 증거라고도 할 수 있다.

정보 가치는 양적(量的)인 것 이외에 스피드와 정확성이라고 하는 질(質)에 따라 결정된다. 따라서 정보 관리를 위해서 컴퓨터는 필요 불가결하다. 이것이 없으면 완전히 끝장이다.

유통과 정보 서비스의 일체화 시스템이 하이테크형이 되는 것은 그때문인데 그런만큼 자칫하면 이것은 인간관계를 냉정하게 하는 위험성도 없지 않다. 이것을 부드럽게 하는 의미에서 필요하게 된 것이 하이터치형 서비스 시스템이다.

인간에게 있어서 '하이 휴먼터치'는 삶의 보람 가운데 한가지 기본이기도 하다. 만일 이 시스템이 아직 충분히 만들어져 있지 않았다면 지금 곧 작성에 착수해 주기 바란다. 이러한 시스템은 절대로 사람을 사로잡아 포용하므로 기업의 PR도 되며 만들어 두면 결코 손해될 것은 없다.

하이터치형의 개별 대응 서비스 시스템은 인간관계에서 빼놓을 수 없는 장사나 생활태도의 기본과 관련되어 있다. 그런 의미에서도 새로운 정보화 시대의 촉매체(觸媒體)인 이 시스템에 대해 기업으로서는 무슨 일이 있어도 노력을 기울이지 않으면 안될 것이다.

이상과 같은 하이테크 이용의 정보관리 시스템과 하이터치형 개별대응의 서비스 시스템을 만드는 일에 곧바로 착수하기 바란다.

101. 주도권과 권위있는 유통채널을 만들것

사양기로 접어 든 소비재 업계에서는 이미 말한 바와 같이, 소매단계에서의 유통 주도권 즉, 가격 결정권을 갖지 않으면 절대적이라고 해도 좋을 정도로 수익이 없다는 것이 분명하다. 따라서 메이커나 도매상도 유통 주도권을 잡기 위해 바야흐로 온갖 수단을 도입하기 시작했다. 다이렉트 마케팅이나 소매업에 대한 참여 등도 그 시도 가운데 하나라고 할 수 있다.

소비재 생산에 종사하는 기업에 있어서 지금 가장 중요한 것은 좋은 상품을 만드는 것 이상으로 유통체널의 구축인 것이다. 메이커나, 도매업, 소매업이든 간에 스스로가 주도권을 쥔 유통채널이 없으면 결코 업적은 향상하지 않는다. 이것이 불가능하면 모처럼의 정보 서비스의 일체화 시스템도 허공에 뜨고 만다.

물론, 앞으로는 주도권을 쥔 강자가 약자인 거래처를 착취하고 못살게 구는 시대가 아니다. 주도권을 쥐어도 가능한 한 채널의 공유자를 도와주는 자세가 바람직하다. 그런데 현실적인 문제로서, 주도권 있는 채널이 없으면 기업체로서는 타인이 자기 생사 여탈권을 쥐고 있는 것과 같은 느낌때문에 불안하기 짝이 없게 된다.

또 유통 주도권은 권위가 없으면 가질 수 없고, 권위가 없는

것을 무리하게 가져 보았자 아무런 소득이 없다. 따라서 기업은 이제야말로 권위 있는 주도권을 가진 유통채널을 만드는 일에 힘쓰지 않으면 안된다.

정보화 시대에서 돈을 버는 주역은 다시 말하거니와 '유통' 이고 '물품'이다.

이상으로 이 책도 마무리를 짓게 되었다. 마지막으로 한가지, 드디어 '신유통혁명'의 시대가 다가 온다는 것을 덧붙여 두고 싶다.

그것은 ① 물품과잉, ② 소비자 주도, ③ 소비 부진, ④ 정보화 사회가 도래한 가운데서 나타나는 필연적인 현상이라고 말할 수 있을 것이다. 아마도 앞으로 10~15년 뒤에는 스토어리스, 캐시리스 판매의 급증, 유통경로의 복잡화 가운데서의 단축화,

유통업인구의 대폭적인 감소 등과 같은 형태로써 일본의 유통업
계를 현재와는 전혀 다른 것으로 바꿔놓게 될 것이다.

이것은 이제까지 경험한 일이 있는 커다란 변화이다. 대응에
잘못이 없도록 부탁하고 싶다.

그러나 생각해 보면, 급격한 변화의 시대라는 것은 노력가만이
보답받는 시대이다. 크게 노력하고 힘껏 분발하여 한계에 이르기
까지 도전할 것을 바라면서 펜을 놓기로 한다.

저자약력—————

- 1933년 오오사카에서 출생. 교토대학 졸업.
- 일본 산업심리연구소 연구원. 일본 매니지먼트협회·경영 컨설턴트. 경영지도부장 이사 등을 거쳐 1970년 (주) 일본 마아케팅센터 설립.
- 현재 후나이그룹(후나이총합연구소) 총수
- 경영 컨설턴트로서는 세계적으로 제1인자. 고문으로 있는 기업체만도 유통업의 과반이 넘는 대기업체를 중심으로 약 1,300사. 시난 10년간 후나이의 지도로 매상이 90배 이상, 이익이 180배 이상 성장한 기업은 100개사 중 60개사로서 그 중 도산된 회사는 하나도 없음.
- 주요저서 〈성공의 노하우〉〈인간시대의 경영법〉〈성공을 위한 인간학〉〈21세기 경영법칙 101〉〈패션화시대의 경영〉〈매상고 향상 비법〉〈베이식 경영법〉〈신유통 혁명〉〈유통업계의 미래〉등 다수.

개정판 2021년 9월 30일
발행처 서음미디어(출판사)
등록 2009. 3. 15 No 7-0851
서울特別市 東大門區 新設洞 114의 7
Tel 2253-5292
Fax 2253-5295

企 劃
李 光 熙
發行人
李 光 熙
著 者
船井幸雄
編 譯
最高經營者硏究院
Printed in korea
정가 15,000원